Pour Valérie & Phil,

Beaucoup de plaisir à
communiquer avec Liam.

Sylvie Desmarais

GUIDE DU
LANGAGE DE
L'ENFANT
DE 0 À 6 ANS

Catalogage avant publication de Bibliothèque
et Archives nationales du Québec et Bibliothèque
et Archives Canada

Desmarais, Sylvie

    Guide du langage de l'enfant de 0 à 6 ans
    (Collection Famille)
    ISBN 978-2-7640-1535-3

1. Enfants – Langage. 2. Langage – Acquisition.
3. Langage, Troubles du, chez l'enfant. I. Titre. II. Titre :
Guide du langage de l'enfant de zéro à six ans. III. Collection : Collection Famille (Éditions Quebecor).

LB1139.L3D47 2010   401'.93   C2009-942348-0

© 2010, Les Éditions Quebecor
Une compagnie de Quebecor Media
7, chemin Bates
Montréal (Québec) Canada
H2V 4V7

Dépôt légal : 2010
Bibliothèque et Archives nationales du Québec

Pour en savoir davantage sur nos publications,
visitez notre site : www.quebecoreditions.com

Éditeur : Jacques Simard
Conception de la couverture : Bernard Langlois
Illustration de la couverture : Istock
Conception graphique : Sandra Laforest
Infographie : Claude Bergeron

Imprimé au Canada

DISTRIBUTEURS EXCLUSIFS :

• Pour le Canada et les États-Unis :
  MESSAGERIES ADP*
  2315, rue de la Province
  Longueuil, Québec J4G 1G4
  Tél. : (450) 640-1237
  Télécopieur : (450) 674-6237
  * une division du Groupe Sogides inc.,
  filiale du Groupe Livre Quebecor Média inc.

• Pour la France et les autres pays :
  INTERFORUM editis
  Immeuble Paryseine, 3, Allée de la Seine
  94854 Ivry CEDEX
  Tél. : 33 (0) 4 49 59 11 56/91
  Télécopieur : 33 (0) 1 49 59 11 33

  **Service commande France
  Métropolitaine**
  Tél. : 33 (0) 2 38 32 71 00
  Télécopieur : 33 (0) 2 38 32 71 28
  Internet : www.interforum.fr

  **Service commandes Export –
  DOM-TOM**
  Télécopieur : 33 (0) 2 38 32 78 86
  Internet : www.interforum.fr
  Courriel : cdes-export@interforum.fr

• Pour la Suisse :
  INTERFORUM editis SUISSE
  Case postale 69 – CH 1701 Fribourg –
  Suisse
  Tél. : 41 (0) 26 460 80 60
  Télécopieur : 41 (0) 26 460 80 68
  Internet : www.interforumsuisse.ch
  Courriel : office@interforumsuisse.ch

  Distributeur : OLF S.A.
  ZI. 3, Corminboeuf
  Case postale 1061 – CH 1701 Fribourg –
  Suisse

  Commandes : Tél. : 41 (0) 26 467 53 33
  Télécopieur : 41 (0) 26 467 54 66
  Internet : www.olf.ch
  Courriel : information@olf.ch

• Pour la Belgique et le Luxembourg :
  INTERFORUM BENELUX S.A.
  Fond Jean-Pâques, 6
  B-1348 Louvain-La-Neuve
  Tél. : 00 32 10 42 03 20
  Télécopieur : 00 32 10 41 20 24

Gouvernement du Québec – Programme de crédit d'impôt pour l'édition
de livres – Gestion SODEC.

L'Éditeur bénéficie du soutien de la Société de développement des entreprises culturelles du Québec pour son programme d'édition.

Nous reconnaissons l'aide financière du gouvernement du Canada par
l'entremise du Programme d'aide au développement de l'industrie de
l'édition (PADIÉ) pour nos activités d'édition.

GUIDE DU
LANGAGE DE
L'ENFANT
DE 0 À 6 ANS

Sylvie Desmarais
orthophoniste

LES ÉDITIONS
Quebecor
Une compagnie de Quebecor Media

Le langage se développe parce que l'enfant désire entrer en communication avec ses parents et, aussi, parce que ses parents lui parlent.

Introduction
Le quoi et le pourquoi de ce livre

À qui viendrait-il à l'idée de commencer un projet sans en penser les étapes, de partir en voyage sans s'être organisé un peu à l'avance, ou encore de réparer un objet sans en connaître le fonctionnement? Que ce soit en allant s'informer à un membre de sa famille ou de son entourage, en lisant le manuel d'instructions, en consultant une personne spécialisée ou en fouillant sur Internet, chacun trouve sa propre façon d'obtenir des réponses à ses questions.

Plusieurs livres existent déjà sur l'évolution de l'enfant, sur sa santé ou les activités à privilégier pour le stimuler. On trouve un peu de tout: des descriptions, des tableaux, des phases de développement, des conseils... Cependant, pour répondre aux questions des personnes intéressées par les changements qui surviennent progressivement dans le langage, j'ai souvent cherché des livres qui permettaient d'avoir une description complète et détaillée du développement du langage, en tenant compte de tous les changements qui se présentent chez le jeune enfant durant la période préscolaire. La majorité du temps, j'ai déniché une colonne dans un tableau sur l'ensemble de la croissance de l'enfant, ou bien quelques conseils qui mentionnaient ce qui semblait important pour le stimuler. Je ne trouvais pas d'ouvrages organisés de sorte que vous, parents ou éducateurs, retrouviez ce que vous pouviez attendre de l'enfant à chaque âge.

J'ai donc eu envie de vous offrir, à ma façon, une autre forme de livre, un guide sur ce qu'est le langage, de vous le faire connaître, tout en gardant toujours en tête qu'il est notre principal instrument pour communiquer. C'est là sans doute le point le plus important: le langage que l'enfant apprend n'est pas détaché de la raison pour laquelle il l'apprend. En plus de lui servir à dire des mots et à faire des phrases, il lui permettra d'entrer en contact avec les autres personnes de son entourage et, éventuellement, les gens en général. En maîtrisant le langage, l'enfant pourra s'instruire en apprenant à lire et à écrire. C'est aussi par le langage qu'il en viendra à penser et à raisonner.

En tant que parents ou éducateurs, notre rôle principal est d'amener nos enfants, ou ceux dont nous sommes responsables, à posséder le mieux possible les outils du langage pour qu'ils parviennent à entrer de plus en plus facilement en contact avec les autres, à faire partie intégrante de la société, à développer des relations harmonieuses et enrichissantes, à accéder le plus aisément possible aux connaissances que l'école leur enseignera et à tout ce dont ils ont besoin afin de devenir des adultes responsables, autonomes et épanouis. Le langage constitue un des plus grands défis de la petite enfance: veillons à y mettre toute notre énergie pour guider l'enfant sur ce chemin complexe mais si important.

Le trajet que doit parcourir ce dernier, de la naissance jusqu'à l'école, ressemble à celui d'un voyage. Les défis qu'il doit surmonter se comparent beaucoup à ceux d'un *explorateur*. C'est pourquoi j'utiliserai ce terme tout au long de cet ouvrage pour parler de votre enfant. Chaque fois que vous verrez le symbole (⊚), c'est le bébé ou, plus tard, l'enfant qui vous parle. Et comme dans toute visite d'un endroit nouveau on a besoin de l'aide d'un *guide*, c'est le nom qui vous sera attribué, cher parent ou éducateur[1]. C'est le symbole ☺ qui indiquera que l'adulte intervient à son tour. Votre rôle consiste à assurer la com-

---

1.   Bien que l'éducateur ait un rôle crucial à jouer lorsqu'un enfant lui est confié, nous utiliserons dorénavant seulement le terme «parent» pour éviter d'alourdir le texte, et pour signifier que ce dernier demeure la figure prédominante auprès de son enfant.

préhension, l'amour et l'encadrement nécessaires à l'enfant de manière à l'accompagner tout au long de son parcours et à lui fournir le soutien indispensable pour relever les défis que lui imposent les nombreux apprentissages qu'il devra faire dans tous les aspects de sa petite personne. Chaque phase qu'il traverse est importante, puisqu'une fois dépassée elle permet de progresser vers la suivante.

Le chemin est en plusieurs points semblable pour tous les enfants, car les phases du développement du langage devraient se suivre selon un ordre constant; mais, d'une part, la durée n'est pas la même pour chacun et, d'autre part, certains enfants n'auront pas la chance d'accéder à chacune des phases avec la même facilité que les autres. C'est que certains développements tardent à apparaître au moment où on les attend habituellement. Divers apprentissages surviennent à des périodes bien précises et une fois ce moment passé, s'ils n'ont pas été faits, l'enfant a besoin d'être aidé spécifiquement pour y arriver. C'est alors qu'on parle de retard ou encore de trouble. L'objet de ce livre est de présenter le développement dit «normal» de l'enfant. On peut donc en déduire que si les observations que vous faites sur un enfant diffèrent de ce que vous lisez ici, il est possible que cet ouvrage vous serve de point de départ pour entreprendre certaines observations, rectifier ou clarifier vos interrogations, ou encore amorcer des démarches avec quelqu'un de spécialisé dans le domaine. Le chapitre «Normes et âges du développement: mises en garde» vous invite toutefois à la prudence et au discernement. Ce livre ne se veut pas la source de nuits blanches mais plutôt un soutien dans vos observations, dans vos réflexions et dans le plaisir partagé à communiquer avec votre enfant.

Pour apprendre à parler et à communiquer, l'enfant doit être intéressé, il doit avoir un désir d'entrer en contact avec les autres; mais il doit aussi trouver auprès de lui quelqu'un qui lui fait voir l'importance de chercher à s'exprimer, et qui l'encourage pas à pas dans son cheminement.

D'aussi loin que mes études universitaires, je rêve à ce projet de partager avec ceux qui ont la responsabilité d'enfants les nombreuses découvertes que j'ai faites au fil des ans. En plus de travailler depuis plus de vingt-cinq ans individuellement auprès d'une clientèle d'âge préscolaire, avec des parents et des éducateurs, j'ai lu de nombreuses recherches, des livres, et j'ai espéré pouvoir faire en sorte que la richesse de ces informations ne demeure plus accessible qu'aux spécialistes de la communication. J'ai souhaité être capable de transmettre ces informations si intéressantes, d'une façon adaptée, afin qu'elles puissent servir à ceux qui en ont besoin au quotidien. J'ai écouté les questions qui m'ont été posées et les inquiétudes que l'on m'a confiées. Puis, lorsque j'ai commencé à produire ce guide, j'ai éprouvé un réel plaisir à mettre bout à bout les phases du développement en tentant de récupérer ce qui pouvait servir de pistes de référence, à retracer les attitudes de communication les plus favorables pour aider l'enfant, à fouiller des documents qui donnaient les moyens de stimulation les plus appropriés et des activités qui s'intègrent simplement à la vie quotidienne.

Après avoir eu la chance d'interagir avec vous lors des conférences et des formations que j'ai données, j'ai enfin pris le temps de mettre le tout sur papier, afin que vous puissiez avoir des pistes claires – comme vous me l'avez demandé – pour suivre le parcours de l'enfant. Pour ceux d'entre vous qui ont en tête un enfant en particulier, j'ai pensé que je pourrais vous faire voir une façon différente d'entrer en relation avec lui, de le connaître, et vous rapprocher de lui. Je sais aussi que cela vous permettra de créer des liens durables, lesquels vous serviront plus tard à maintenir une relation agréable et lui donneront le goût et la curiosité d'apprendre et d'être avec les gens. À force d'être en contact avec des petits, j'ai tenté d'imaginer leurs pensées, leurs attentes, et de transférer le tout en mots. Je souhaite partager avec vous le plaisir de guider un enfant sur le chemin de la communication.

Pour apprendre à parler et à communiquer, il faut s'exercer et avoir quelqu'un qui nous éclaire sur la bonne façon de le faire. Suivez-moi sur le chemin de la connaissance, du développement et de la stimulation du langage et de la communication. Venez apprendre comment devenir le guide de votre petit explorateur...

À bas les tabous sur le langage : mensonges et vérités

Dans mon domaine comme dans d'autres, certains commentaires nous font réagir. J'ai toujours tenté de modifier certaines croyances en espérant changer des points de vue, quand cela pouvait nuire aux enfants. Voici donc certaines des affirmations que j'ai entendues à propos du langage.

- Apprendre à parler, c'est un peu comme apprendre à marcher : ça arrive quand l'enfant est prêt.

- L'enfant sait parler quand il connaît des mots et fait des phrases.

- Le langage d'un enfant débloquera tout seul à un moment donné.

- C'est normal qu'un enfant timide n'apprenne pas à parler aussi vite que les autres.

- Un enfant qui ne parle pas ou qui commence à le faire en retard est probablement moins intelligent qu'un autre.

- Un problème de langage est généralement lié au fait que l'enfant n'a pas été stimulé.

- Les enfants apprennent tout seuls à parler parce que c'est génétique.

- Lorsque l'enfant fréquentera la garderie ou l'école, son langage débloquera.

Questionnez-vous sur ces affirmations : êtes-vous d'accord ou en désaccord ?

Quoi qu'il en soit, j'espère qu'à la fin de ce livre certaines de vos croyances auront été modifiées, que j'aurai ajouté à vos connaissances. J'espère surtout que vous aurez à votre tour envie de transmettre ces informations aux gens avec qui vous discuterez au sujet du langage.

Je vous souhaite une excellente aventure dans la lecture de ce guide !

Le palmarès des affirmations les plus fréquentes[2]

Dans les premières pages de ce guide, je vous expliquerai pourquoi le développement du langage et de la communication est un processus complexe qui gagne à être connu si on veut aider l'enfant. Ce processus est constitué de plusieurs mécanismes différents, ayant chacun un rôle à jouer et qui, en s'emboîtant les uns dans les autres, favorisent le passage d'une phase à l'autre du développement. Par la suite, je vous entraînerai dans la merveilleuse aventure d'un dialogue fictif entre un parent et son enfant, de la naissance à 6 ans. J'ai imaginé ce que chacun apprend, ce qu'il pense et ce qu'il aimerait que l'autre fasse pour que le langage et la communication se développent harmonieusement.

En guise d'entrée en matière, glissons-nous dans une discussion de famille, une réunion entre amis, une rencontre autour d'un café... Que se disent les parents entre eux? Quels sujets les préoccupent? Je vous les présente sous la forme d'affirmations sur lesquelles il faut

---

2. Plusieurs affirmations sont inspirées d'un dépliant de l'Ordre des orthophonistes et audiologistes du Québec, *Langage et audition: deux outils pour partir gagnant*, créé il y a plusieurs années à l'occasion du mois de la communication (mai).

vous prononcer: sont-elles vraies ou fausses? Les amateurs de quiz se lanceront peut-être le défi de trouver le plus grand nombre de réponses. À partir de vos connaissances, évaluez les affirmations suivantes en vous imaginant que c'est une personne de votre entourage qui les formule: que lui répondriez-vous? Vous trouverez mon opinion sur le sujet par la suite. Bien que les réponses que je vous suggère soient complètes, les lecteurs désireux de pousser plus loin leur réflexion pourront aller chercher plus d'informations dans les sections du guide indiquées entre parenthèses à la fin de mes commentaires*.

1. Avant d'être enceinte, il est important de m'assurer que je suis vaccinée contre la rubéole.

2. Mon enfant entend dès la naissance, mais même si je lui parle, il ne comprend pas. Je ne peux donc pas vraiment lui parler tant qu'il ne commencera pas à babiller.

3. Comme mon enfant entend parfaitement à la naissance, le développement de son système auditif est déjà terminé.

4. L'enfant apprend à parler par imitation des autres.

5. Les pleurs, les cris et les sons de mon bébé sont les premiers outils qu'il utilise pour s'exprimer.

6. À 4 mois, mon bébé était calme et ne faisait pas de saut lorsqu'on échappait des objets près de lui. Quand il pleurait, je n'arrivais jamais à le calmer en lui parlant doucement: je devais toujours le prendre. Maintenant, il a 7 mois et produit de moins en moins de sons. Je pense qu'il a un problème d'audition, mais il est trop jeune pour passer un test.

7. On ne peut pas parler de grand-chose avec les enfants de 2 ans. Comme leurs sujets de conversation sont peu variés, on peut seu-

---

* Plusieurs des affirmations qui suivent sont inspirées d'une brochure publiée par l'Ordre des orthophonistes et audiologistes du Québec dans le cadre de l'événement Mois de mai, mois de la communication, *Langage et audition: deux outils pour partir gagnant.*

lement leur parler de ce qu'ils mangent, de leurs vêtements et de leurs jouets.

8. Mon enfant de 18 mois devenait parfois frustré quand il attendait pour avoir quelque chose. Je le comprends mieux maintenant. Ça aide beaucoup de lui donner tout de suite ce qu'il veut dès qu'il me fait un geste ou qu'il produit un son.

9. Mon enfant parle très fort à la maison; dehors, il crie toujours en jouant. À la suite d'un rhume, il a perdu la voix et depuis, il parle toujours enroué, mais ça devrait revenir tout seul.

10. La télévision et les jeux électroniques sont d'excellents moyens d'aider mon enfant à développer son langage.

11. Je refuse de donner à mon enfant certains jouets bruyants, même si ce sont les grands-parents qui les lui ont offerts. Je crois qu'ils peuvent être dangereux pour son audition.

12. Je tente de répondre à mon enfant chaque fois qu'il me pose des questions, car cela contribue à son bon développement.

13. Il est normal que mon enfant fasse des otites, puisque presque tous les enfants en font. Que voulez-vous, il n'y a aucun moyen de prévenir ce problème!

14. Mon jeune enfant a fait quelques otites qui ont duré plusieurs jours. Je lui ai donné tous ses médicaments, mais aller aux visites de contrôle est selon moi inutile : c'est seulement du temps et de l'argent gaspillés.

15. Pour s'assurer que le cérumen (la cire) ne s'accumule pas, il est nécessaire de bien nettoyer le conduit des oreilles de mon enfant avec un coton-tige.

16. Mon enfant est trop petit pour que son audition puisse être endommagée s'il est exposé à des bruits forts, comme quand on va voir mon mari au champ de tir.

17. Mon enfant de 5 ans hésite en parlant. Pour faire disparaître son problème, je dois lui demander de penser avant de parler, de prendre son temps et de prendre de grandes respirations.

18. J'attendrai que mon enfant ait des travaux d'école à faire à l'ordinateur avant de lui montrer à s'en servir, car je ne veux pas qu'il l'utilise pour jouer : cela peut créer une dépendance.

19. Il est normal que mon enfant de 5 ans ait encore de la difficulté à prononcer correctement certains sons.

20. Je m'inquiète et c'est normal, car lorsque je vais chercher mon enfant à la garderie ou à la maternelle, je lui pose des questions et il me dit toujours qu'il n'a rien fait.

21. Si mon enfant commence tard à parler, il ne pourra pas rattraper les autres, et cela aura assurément des conséquences sur son langage.

22. Donner une suce à son bébé est nuisible pour le développement du langage.

***

Voici mon opinion sur ces sujets.

1. *Vrai.* Durant les premiers mois de grossesse, il y a de fortes chances que certains organes du fœtus soient affectés si la mère est atteinte de la rubéole. On doit alors surveiller l'audition de l'enfant. C'est pourquoi on recommande fortement aux femmes qui pensent devenir enceintes de se faire vacciner ou de vérifier, par une prise de sang, si elles sont toujours immunisées par un vaccin qu'elles ont déjà reçu.

2. *Faux.* Parler avec un enfant, voire faire semblant d'avoir une conversation avec lui, est un moyen d'établir un contact. De cette façon, vous lui permettez aussi d'entendre des sons, de s'intéresser à vous et de se familiariser avec le langage. C'est en voyant et en écoutant les personnes parler autour de lui qu'il finira par comprendre l'utilité de cette activité et avoir le goût, à son tour, de dire des mots pour participer aux échanges (« L'explorateur entre 0 et 12 mois » [page 86] – surtout les six premiers mois; « Éveiller son bébé à la communication dès la naissance » [page 174]).

3. *Vrai*. Votre bébé entend dès le troisième mois de la grossesse. À la naissance, le système auditif est complet et prêt à recevoir des stimulations. C'est pourquoi nous suggérons, dès les premiers jours, de lui faire vivre différentes situations où il entend des sons variés. L'enfant sera intéressé par les chansons que vous lui chantez, les jouets sonores qui l'entourent (hochet, mobile musical, etc.) et la musique douce.

4. *Faux*. Si l'enfant n'apprenait que par imitation, il ne ferait que répéter des phrases qu'il a déjà entendues. En réalité, l'enfant est doté d'une intelligence propre, d'un système qui l'amène à s'intéresser à l'adulte qui s'adresse à lui et au langage qui est dirigé vers lui, pour plus tard avoir de l'intérêt pour le langage en général. Il tire ses propres conclusions de ce qu'il entend, déduit les règles pour comprendre comment fonctionne la conversation, les règles sociales, la grammaire ainsi que la structure des phrases, et en vient peu à peu à maîtriser les sons et à acquérir du vocabulaire («Mystère: un jour mon enfant commence à parler», page 67).

5. *Vrai*. Au cours de ses premiers mois de vie, les seuls moyens que possède l'enfant pour vous faire connaître ses besoins sont les pleurs, les cris et les sons. Même si vous ne savez pas immédiatement comment les interpréter, soyez-y attentif, essayez de le comprendre et répondez à ses besoins dans la mesure du possible. Ils représentent ses premiers pas sur la route de la communication («L'explorateur entre 0 et 12 mois» [page 86] – surtout les trois premiers mois).

6. *Faux*. Les parents sont souvent les premiers à soupçonner un problème d'audition, s'ils observent attentivement les comportements de leur enfant. Dès le moment où vous avez des doutes, consultez votre médecin et demandez une évaluation en audiologie. Il existe maintenant d'excellentes technologies qui permettent d'évaluer l'audition d'un bébé dès la naissance.

7. *Faux*. Toutes les situations de la vie quotidienne (par exemple, en faisant le ménage ou l'épicerie, en bricolant, en jardinant, en mangeant, etc.) sont des moments propices pour parler avec l'enfant.

Elles servent toutes à développer un intérêt pour la communication et pour apprendre. Pour que le langage de votre enfant se développe harmonieusement, il est important de lui parler, mais il doit s'habituer à ce que d'autres enfants ou d'autres adultes lui parlent aussi («Comment converser avec mon enfant?» [page 188]; «Quels sont les moments les plus favorables pour stimuler le langage de mon enfant?» [page 190]).

8. *Faux.* Il est nécessaire de démontrer à l'enfant que ses efforts pour entrer en contact avec nous en valent la peine, mais il est déconseillé d'aller au-devant de lui. Il vaut mieux profiter de toutes les occasions où l'enfant formule une demande pour lui donner la chance de comprendre qu'il existe un code lui permettant d'obtenir ce qu'il désire. Ce code est constitué de mots qui servent dans différentes occasions pour qu'il apprenne à demander, à raconter, à répondre aux questions, à en poser, etc. L'enfant apprendra beaucoup plus si, au lieu de lui donner immédiatement ce qu'il veut, on profite de cette situation pour lui enseigner subtilement la manière appropriée de demander: «Ah, tu veux du jus.» C'est de cette façon qu'il découvre toutes les possibilités du langage et le goût de s'en servir («Ce qu'il est déconseillé de faire» [page 182]; «Ce qu'il est conseillé de faire» [page 185]; «Comment puis-je stimuler certains aspects particuliers du langage de mon enfant?» [page 191]; «Que faire si mon enfant est moins enclin à parler?» [page 194]).

9. *Faux.* Certains enfants ont une fragilité vocale plus grande que d'autres. S'ils parlent fort, crient beaucoup et même font des bruits de gorge et des imitations, leur voix a de fortes chances de devenir rauque, éraillée, enrouée et éteinte. À la garderie, à la maison, habituez-vous à parler à voix normale et diminuez les bruits ambiants (radio, télévision, etc.) pour que l'enfant puisse s'exprimer sans devoir élever la voix. Si la qualité de sa voix commence à se détériorer, il est important de consulter en otorhinolaryngologie (ORL) ou en orthophonie pour une évaluation physique et de la situation. Il ne sera pas nécessairement question de traite-

ment médical ou de chirurgie, mais des conseils pourront être donnés aux parents pour aider l'enfant à faire un meilleur usage de sa voix. Selon l'âge et la gravité du problème, on pourra aussi lui recommander un programme d'exercices.

10. *Faux.* Il existe plusieurs points de vue à ce sujet. En général, tout dépend de l'encadrement que vous donnez à votre enfant lorsque vous lui présentez de telles activités. Vous devez toujours garder en tête que c'est vous qui décidez de ce que vous lui proposez. Si l'enfant reste seul devant n'importe quelle émission de télé, son langage ne s'enrichira pas. La télévision n'est pas un bon outil de stimulation de la communication : elle parle mais ne répond pas. Elle ne reformule pas les messages de l'enfant lorsque celui-ci fait une phrase incorrecte ou prononce mal un mot, et ce, même si dans certaines émissions on demande à l'enfant de répondre ou de donner son avis sur une situation.

De plus, vous devez savoir que les enfants d'âge préscolaire n'ont pas la capacité de juger de ce qui est un choix sensé : ils sont plutôt attirés par les images, les expressions des visages, les mimiques, les couleurs, la musique. Bien sûr qu'ils sont attentifs à des émissions qui ne sont pas destinées à leur groupe d'âge, mais ils n'en tirent aucun profit, outre le fait de s'amuser pendant un moment.

Regarder avec l'enfant certaines émissions de télévision sur des thèmes qui l'intéressent contribue à enrichir ses connaissances, si on prend le temps d'en discuter avec lui au cours de la diffusion ou par la suite. L'enfant est un peu comme nous : il est toujours plaisant de parler avec quelqu'un qui partage les mêmes intérêts ou passions que nous. Les conversations sont plus longues, nous sommes plus à l'écoute et nous essayons d'en apprendre encore plus sur le sujet. De plus, si en partageant cette activité avec lui vous commentez, vous lui parlez de ce qui se passe ou de ses émotions, vous lui donnez plus de chances de développer son langage, son raisonnement, sa logique et vous avez la possibilité de transmettre vos valeurs. La télévision et les émissions de qualité peuvent être positives, car elles exposent l'enfant à des éléments qu'il n'aura pas nécessairement la chance de rencontrer dans sa vie : des cultures et des langues variées, et même un niveau de langage différent de ce qu'il entend à la maison.

Il faut savoir doser combien de télévision vous désirez que votre enfant regarde. N'oubliez pas qu'il n'est pas toujours avec vous : lorsque vous le confiez à des tierces personnes, vous avez le droit de vous informer de l'utilisation de cet appareil dans le milieu où il est. Vous avez un droit de regard sur les émissions qui seront vues par votre enfant. Dans quelque milieu que ce soit, vivre en permanence avec le téléviseur allumé détourne l'attention de l'enfant et diminue le nombre d'échanges de communication possibles (« Alors, j'ouvre la télé ou pas ? » [page 198]).

Les jeux électroniques sont aussi d'excellents moyens de développer une connaissance accrue de la technologie. Ils stimulent diverses formes d'observation et de questionnement, mettent au défi les habiletés visuospatiales et de motricité fine, montrent à réfléchir à certains problèmes en développant des stratégies pour les résoudre, améliorent le raisonnement, la logique, la capacité à suivre des consignes et combien d'autres choses dont on ne soupçonne même pas l'existence...

11. *Vrai.* Tous les jouets qui sont le marché n'ont pas été évalués sur le plan sonore, bien que les compagnies sérieuses respectent de plus en plus la quiétude des parents... Certains jouets émettent des sons trop forts et peuvent, à l'usage, causer une perte d'audition chez l'enfant, en plus de le stresser. On évalue que le niveau sonore d'un jouet est inacceptable si, à un mètre de votre enfant, vous devez élever la voix pour lui parler.

12. *Vrai.* Quand vous répondez simplement aux innombrables questions de votre enfant, vous l'aidez à augmenter ses connaissances et son vocabulaire. Pour l'enfant, le jeu des questions est aussi une façon d'avoir une conversation avec vous. Vous ne devez cependant pas hésiter à mettre des limites de temps en temps, lorsque

vous êtes trop occupé; il est toujours possible de dire que vous lui répondrez plus tard, lorsque vous serez libéré de votre occupation. De plus, il faut demeurer vigilant: ne vous laissez pas interrompre par un enfant qui cherche constamment à avoir de l'attention par des questions. Ces petits gruge-énergie ne cherchent pas nécessairement à apprendre quelque chose, et la preuve est que même si vous répondez, ils ne semblent pas à l'écoute et continuent distraitement leurs activités. L'échange question-réponse est fructueux dans la mesure où les deux personnes impliquées y participent activement («Ce qu'il est conseillé de faire», page 185).

13. *Faux*. Par des mesures d'hygiène rigoureuses, on peut réduire la fréquence des otites. En voici quelques-unes: maintenir la tête du bébé soulevée lors des boires; conserver le taux d'humidité de la maison à 40 % et la température à 20-21 °C; aérer fréquemment la maison; fournir à l'enfant une saine alimentation et la possibilité d'aller régulièrement dehors; dégager ses voies nasales et, dès qu'il le peut, lui montrer à se moucher lui-même, doucement, une narine à la fois. L'enfant enrhumé doit être encouragé à boire plus et à se moucher souvent.

14. *Faux*. Une otite entraîne généralement une baisse de l'audition. Si elle se prolonge ou se répète souvent, votre enfant pourra donc être affecté d'une perte auditive pendant plusieurs mois. Même si l'on sait que cette perte auditive est temporaire, c'est l'impact sur les apprentissages qui devient plus inquiétant à long terme. En effet, cela peut nuire à certains aspects de son développement: développement de l'attention auditive, du langage et des sons, acquisition de connaissances, relations avec les autres, et ce, particulièrement chez l'enfant de moins de 3 ans. Bien qu'on s'attende à ce que les signes annonciateurs soient bien évidents lorsque l'enfant fait une otite, il faut demeurer attentif, car tous les enfants ne réagissent pas de la même manière à la douleur, ou encore certaines otites ne semblent pas créer de douleur. De plus, une fois passée la phase aiguë, les symptômes s'atténuent, mais la perte auditive peut demeurer à cause de la présence de liquide

dans les oreilles. N'hésitez pas à consulter si votre enfant présente des symptômes de rhume qui persistent ou des attitudes qui vous font douter de son audition.

15. *Faux.* Le cérumen (cire) est le moyen de protection que possède l'oreille contre les infections. On déconseille de nettoyer le conduit de l'oreille pour tenter de l'en retirer. Ce faisant, on risque plutôt de le repousser et de provoquer la formation de bouchons. Dans la plupart des cas, il suffit simplement de nettoyer le pavillon de l'oreille avec une débarbouillette humide. Soyez à l'affût et n'hésitez pas à consulter le médecin si votre enfant écoute la télévision à un volume trop élevé ou s'il donne l'impression de ne pas bien vous entendre, car dans le cas où un bouchon se formerait, le médecin procéderait à un nettoyage de l'oreille d'une manière prudente.

16. *Faux.* Un bruit très fort, près de l'oreille, peut causer subitement une perte d'audition. On pense, par exemple, à des pétards, à une explosion, à des ballons qui éclatent, etc. Si l'exposition est répétée très souvent, la perte auditive peut devenir permanente.

17. *Faux.* Les enfants de 3 à 6 ans traversent souvent une ou deux périodes d'hésitations tout à fait normales. Lors de ces périodes, il est préférable de vous montrer attentif à ce que l'enfant vous dit plutôt qu'à la manière dont il le fait. Nous croyons souvent qu'il est facilitant de demander à l'enfant d'arrêter, de prendre son souffle, de respirer. Tous ces bons trucs sont toujours utilisés avec la meilleure intention du monde et n'ont pour seul but que de tenter d'empêcher que l'enfant soit face à des insuccès. Toutefois, imaginons ensemble deux scénarios, en tentant de voir comment nous réagirions: pendant que nous échangeons avec quelqu'un, cette personne emploie les mêmes commentaires que ceux que nous faisons à nos enfants:

- *La personne avec qui nous parlons nous coupe en nous demandant de prendre notre temps.* Même avec le ton le plus gentil de l'interlocuteur, cela n'est jamais plaisant de se faire interrompre:

soit on est choqué, car on a l'impression que l'autre ne nous écoute pas, soit on perd notre idée.

- *La personne avec qui nous parlons nous demande de prendre notre souffle, de bien respirer.* Mais, au juste, est-ce que vous êtes capable de vous imaginer ce que cela peut vouloir dire ? Nous savons déjà que nous respirons, alors pourquoi nous demander de le faire ? Et puis, n'est-ce pas plutôt contradictoire que tout à coup quelqu'un nous demande de prendre notre temps, alors que généralement les gens nous disent d'aller vite au but, de nous dépêcher ? En outre, comme les enfants n'ont pas encore les connaissances nécessaires pour évaluer la durée, le temps, la vitesse et savoir ce qu'est le souffle, comment peuvent-ils comprendre ces mots abstraits que nous employons ?

Compte tenu du fait que ces façons de faire semblent assez inefficaces, il est important de garder en tête que le but de parler est la communication et de faire en sorte que l'échange reste le plus naturel possible. Lorsqu'une hésitation ou une répétition surviennent, ou que l'enfant semble chercher la manière de dire quelque chose, il est important de continuer à le regarder, de lui laisser la chance de s'exprimer sans l'interrompre et, surtout, de ne faire aucun commentaire direct sur sa parole. Si les hésitations persistent, que des tensions ou des tics apparaissent, que des inquiétudes vous amènent malgré vous à corriger directement sa parole, ou si vous ne pouvez vous empêcher de l'interrompre parce que vous êtes impatient devant toutes ses hésitations, il serait préférable de consulter un orthophoniste.

18. *Faux.* La dépendance peut naître avec tous les objets technologiques sur le marché. Il en existe une panoplie, et les enfants les connaissent dès le moment où ils entrent en contact avec d'autres personnes, ou par la télévision. C'est aux parents de fixer des limites, d'apprendre à l'enfant à s'en servir raisonnablement et de choisir la manière dont ils seront utilisés. Dès leur plus jeune âge, les enfants sont en contact avec l'ordinateur ; ils sont d'ailleurs plus souvent intéressés par tous les gadgets et objets utilitaires électroniques que par leurs propres jouets.

Contrairement au fait de regarder la télévision, l'ordinateur exige que l'enfant soit plutôt actif que passif; mais encore là, si on y pense en termes d'apprentissage du langage, on comprend que ce n'est pas par ce moyen que l'enfant en fera l'acquisition. Bien entendu, cela lui permettra de développer des aptitudes pour le jeu ainsi que certaines connaissances de base qui pourront lui servir à l'école (capacité d'observation, mémoire visuelle, associations, couleurs, notions spatiales, etc.). L'ordinateur peut être un outil favorable d'apprentissage du langage ou des préalables à l'écriture, et il permet de favoriser les liens entre la main et les yeux, entre les divers circuits du langage aussi: l'enfant tape ou bouge la souris, et cela lui permet de faire des liens entre son action et un résultat. On ne peut donc pas négliger l'apport intéressant de divers jeux pour l'acquisition des habiletés de préécriture et de prélecture.

On constate que des enfants aussi jeunes que 3 ans peuvent maintenant installer et manipuler seuls un ordinateur, mais encore une fois l'intervention et la participation d'un adulte leur permettent d'avoir des échanges sur le plan du langage, et ce sont ceux-là qui enrichiront encore plus les connaissances qu'ils pourront emmagasiner. Certains diront que l'ordinateur répond à l'enfant, puisque souvent les logiciels produisent une série de messages tels que «Bravo», «Tu as fait une erreur», «Recommence», mais si l'enfant n'a personne pour lui expliquer son erreur, il se contentera souvent de faire un autre choix pour obtenir la bonne réponse.

On ne peut passer sous silence le temps qui fuit rapidement lorsqu'on est impliqué à l'ordinateur; l'enfant peut y consacrer beaucoup de temps sans qu'on s'en rende compte: il n'a pas de limites. J'ai souvent entendu des adultes mentionner à leur enfant qu'il passait trop de temps devant l'ordinateur, mais mon expérience personnelle m'a appris qu'une fois qu'on est engagé dans un jeu, une recherche d'information ou quoi que ce soit d'autre qui se fait à l'ordinateur, la notion de temps n'existe plus. C'est donc facile d'imaginer que les petits, qui ne possèdent pas encore la connaissance du temps, n'ont absolument aucune idée de ce qui est ou non une période raisonnable pour jouer. Laisser un enfant s'adonner à l'ordinateur trop longtemps, c'est le priver des belles occasions de jouer à autre chose, de faire des activités motrices fines (découper, bricoler, etc.) ou sportives, ou encore de participer à des situations riches en échanges avec les autres enfants et les adultes qui l'entourent.

Par contre, il serait dommage d'interdire à l'enfant ce genre de média, car la plupart de ses pairs s'en servent; s'il ne s'y connaît pas, il pourra se sentir intimidé lorsque viendra le temps de l'utiliser à la maternelle ou encore il ne pourra pas participer à certaines conversations au cours desquelles les enfants se vantent de leurs exploits et de leurs compétences dans certains jeux.

19. *Vrai.* À 5 ans, l'enfant peut encore avoir de la difficulté à prononcer correctement les sons *s, z, ch, j,* et *r*. Certains parlent de zézaiement, de zozotement; d'autres diront que l'enfant parle sur le bout de la langue. Toutefois, cette particularité sur le plan de l'articulation devrait disparaître sans autre intervention que le fait que l'enfant entende de bons modèles autour de lui. Par ailleurs, cela ne devrait pas nuire à son intégration à l'école, car dans chaque classe, quelques enfants présentent les mêmes caractéristiques au début de la maternelle. Au cours de l'année scolaire, certaines activités mettront l'accent sur la connaissance des sons, laquelle est un préalable pour apprendre à lire et à écrire. De plus, ces activités sensibilisent l'enfant aux différences entre les sons et à leur bonne prononciation. Si, au cours de cette période, le tout ne rentre pas dans l'ordre tout seul, il est suggéré de consulter avant que l'enfant entreprenne sa première année («Comment puis-je stimuler certains aspects particuliers du langage de mon enfant?», page 191).

20. *Faux.* Beaucoup d'enfants agissent de cette façon. En général, personne n'aime avoir l'impression de passer un interrogatoire, et c'est souvent ce que nous faisons quand nous reprenons contact avec notre enfant à la fin de la journée. On a tendance à

l'assaillir de questions comme : « As-tu passé une bonne journée ? », « As-tu bien joué aujourd'hui ? », ou encore « As-tu bien mangé ? ». Jusqu'à présent, nous avons employé des questions dites *fermées*, car elles ne demandent qu'un *oui* ou un *non* comme réponse, l'enfant ne peut donc pas développer. Si nous essayons des questions *ouvertes*, comme : « Qu'est-ce que tu as fait aujourd'hui ? », ou encore « Je me demandais quelles activités tu avais faites à l'école », on se donne plus de chances d'obtenir une information autre que oui ou non. Comme nous le disions, tout comme nous, adultes, l'enfant n'apprécie guère se faire assommer par une enfilade de questions. Nous pouvons aussi essayer de l'intéresser d'abord à ce que nous avons fait (« Il y avait beaucoup de travail au bureau »), à ce qui s'est passé comme journée (« Il faisait beau aujourd'hui, j'en ai profité pour aller manger mon lunch dehors »), et l'enfant pourra être tenté de décrire lui aussi son expérience. (« Stimuler la communication de son enfant », page 181).

21. *Faux.* Statistiquement, un enfant sur quatre commencera à parler plus tard que les autres. De ce nombre, environ la moitié rattrapera seul le retard qui aurait pu apparaître dans les débuts. Ainsi, c'est environ un enfant sur huit qui aura besoin d'aide pour soutenir son évolution. Il faut donc nous demander à quel moment nous avons raison de nous inquiéter pour notre enfant et de consulter en orthophonie. Notre enfant fera-t-il partie du pourcentage de ceux qui progresseront seuls ou de celui qui aura besoin d'aide ? La meilleure réponse vient du parent lui-même : si une inquiétude vous trotte dans la tête, c'est selon moi le meilleur indice. On ne prend pas le langage à la légère, il sert d'appui à trop d'éléments dans la vie ; il soutient les relations sociales et les apprentissages scolaires, facilite l'accession au marché du travail, les voyages, etc. Attendre que l'école arrive peut jouer de bien vilains tours, car à ce moment, plusieurs enfants qui se seront développés normalement auront plus de facilité à entrer en contact avec les autres, à prendre leur place dans le groupe au cours des causeries, et lorsque commenceront les activités préalables à l'écriture et à la lecture, ils seront en avance sur les autres. Ap-

prendre à lire et à écrire se fait plus facilement lorsque le développement du langage est complété («Normes et âges du développement: mises en garde», page 33 ; «Et quand le voyage ne se déroule pas comme prévu», page 153).

22. *Vrai.* Jusqu'à 6 mois, le bébé a un besoin naturel de téter entre les moments où on le nourrit. Par contre, après ce temps, ce n'est plus aussi nécessaire, et on croit que cela sert plutôt d'élément de réconfort. À compter de ce moment, l'enfant qui a une suce dans la bouche pendant toute la journée passe moins de temps à travailler les sons. L'enfant plus vieux est plus à risque de présenter une malocclusion dentaire (dents qui ferment mal) ou des troubles d'articulation.

Normes et âges du développement : mises en garde

L'apprentissage du langage a pour but de permettre d'entrer en communication avec les autres. Outre la capacité qu'a l'enfant d'enrichir de lui-même son langage, bon nombre d'autres facteurs viennent faire une différence. Cela est particulièrement vrai au fur et à mesure que ce dernier vieillit. Il faut savoir doser la part de chacun de ces éléments dans les cas où nous nous questionnons sur les manifestations du langage que nous observons : notre enfant suit-il un parcours normal, ou y a-t-il lieu de croire qu'il éprouve des difficultés ?

Selon les enfants, le moment où apparaissent les premiers mots, le nombre de mots produits à divers âges, la diversité des premiers mots appris varient de façon très importante. Selon ce qui aura attiré l'attention du nourrisson et ce qu'on lui aura présenté au cours de la première année, il se peut que l'enfant ait un vocabulaire principalement constitué de noms d'objets et de noms d'animaux. D'autres enfants, qui auront porté une attention plus particulière aux contours d'intonation et au rythme syllabique des mots ou des phrases, produiront de longues séquences qui ressemblent à des phrases avec des contours d'intonation cohérents et des syllabes de remplissage.

D'autres encore présenteront plutôt un mélange des deux. Ce n'est que lorsque les enfants atteignent 600 mots que les différences individuelles s'estompent.

Nous savons bien que tous les enfants n'apprennent pas au même rythme mais que, somme toute, ils parlent tôt ou tard ; la majorité d'entre eux arriveront à développer un langage adéquat au cours des premières années de leur vie. Cependant, il ne faut pas se leurrer : pour certains petits, le développement sera plus ardu et ils risquent d'arriver à l'école avec un retard important sur les autres. Il est crucial de pouvoir cerner ce qui fait la différence entre les enfants afin de pouvoir cibler ceux qui présentent des risques.

Nous pouvons diviser les enfants qui apprennent à parler dans les délais attendus en deux grands groupes : ceux qui s'intéressent grandement au langage et qui commencent à parler tôt dans leur vie, et les autres, qui donnent l'impression de bien écouter et comprendre mais qui parlent plus tard que ceux du premier groupe. Ces derniers développeront un langage adéquat en bout de ligne, mais peut-être leur personnalité fera-t-elle en sorte qu'ils préféreront être sûrs de leur coup avant de se lancer... histoire de ne pas se tromper ! Par ailleurs, tous ces enfants ont un point en commun : ils ont démontré de l'intérêt quand on leur a parlé. De plus, malgré leurs différences individuelles, ils ont respecté les phases décrites pour la première année de vie, soit l'établissement du contact visuel, l'attention conjointe avec leur parent, les gazouillis, le babillage, etc. Ils ont aussi comme caractéristique commune d'être aptes à démontrer de l'attention, de pouvoir s'arrêter et s'intéresser à ce que leur interlocuteur leur dit. Entre autres, on se rend compte que tôt dans leur vie, lorsqu'on leur a présenté des jouets ou des livres, ils ont pu interrompre leur activité, regarder de quoi on leur parlait et qu'ils se sont montrés intéressés par ce qu'on leur expliquait.

Dans ces mêmes situations, certains enfants chez qui on soupçonne des difficultés éventuelles donnent l'impression de ne faire que passer, et comme on ne peut les arrêter à moins de susciter des crises, on a l'impression qu'ils sont désintéressés. Si on avait l'intention de regarder un livre avec eux, on parvient à peine à les asseoir près de soi, et dès qu'ils le font, ils se montrent impatients et ne désirent que tourner rapidement les pages afin d'en finir le plus vite possible. Parfois, ils refuseront d'emblée de s'engager dans l'activité. En général, on dira d'eux que les livres ne les intéressent pas. J'entends aussi des gens justifier le manque d'intérêt de leur enfant en disant que ce ne sont pas tous les petits que les livres réussissent à captiver. C'est bien vrai, on ne peut le nier, mais demeurons vigilants : comme il s'avère difficile pour eux de s'y engager, il se peut que toutes les activités qui leur demandent de l'attention et de la concentration leur déplaisent. Ils deviennent alors fuyants.

Pour vous guider le mieux possible, je me suis donné comme objectif de trouver pour vous les âges auxquels une majorité de chercheurs s'entendent pour dire qu'un aspect du langage ou de la communication est développé. Certaines philosophies vont à contre-courant de celle-ci et donnent plutôt des stades qui s'imbriquent les uns dans les autres, des tranches d'âge, évitant ainsi de fournir des âges trop précis, afin de prévenir les réactions trop alarmistes, les inquiétudes des parents et, comme je le disais auparavant, les nuits blanches ! J'ai énormément de respect pour cette façon de penser et c'est ainsi que j'aime bien considérer l'évolution des enfants : ils passent d'une phase à l'autre, et lorsque la précédente est bien maîtrisée, ce qui doit être maintenant appris peut reposer sur la solidité des connaissances qui se sont précédemment consolidées. Ainsi, en regardant le tableau des phases du développement, il faut avoir constamment à l'esprit de repérer où se situe l'enfant et développer le réflexe d'aller voir quel comportement communicatif arrive immédiatement après. Aider au développement de l'enfant consistera à l'amener à cette phase suivante, et ce, quel que soit son âge.

J'ai commencé dès l'université à m'intéresser à ces phases ; j'ai continué à les fouiller au fil des ans. Les recherches ont permis une évolution et ont amené des précisions dans plusieurs domaines liés au développement de l'enfant. Les données que je vous transmets pour chaque âge de développement proviennent donc de plusieurs études.

Elles sont une tentative d'établir les âges les plus fréquents qui sont revenus dans mes lectures. J'ai tenté de faire un consensus entre les chercheurs, mais comme rien dans le développement de l'enfant ne peut être tranché clairement, je crois que les informations peuvent être utiles dans la mesure où elles sont interprétées avec discernement. C'est pourquoi je fais ici appel à la prudence. Lorsque vous comparerez certains aspects du langage de votre enfant à ceux que vous trouverez dans ce livre, gardez-vous une petite marge de manœuvre : il se peut que votre enfant, au moment où vous l'observerez, ne corresponde pas tout à fait aux descriptions faites ici, mais il est possible que dans quelques semaines il y parvienne. Rappelez-vous que la notion d'âge reflète davantage une fourchette d'âge au cours de laquelle on s'attend à ce qu'un enfant acquière un comportement communicatif. Plus l'enfant est jeune, plus les différences sont marquées d'une phase à une autre. Ainsi, avant 1 an, l'enfant change de jour en jour, et c'est pourquoi si l'enfant de 9 mois a un développement qui se compare à celui d'un bébé de 3 mois, la différence de six mois m'apparaît très importante. Par contre, si, à 4 1/2 ans, l'enfant présente un langage similaire à celui d'un petit de 4 ans, nous pouvons nous inquiéter de cette différence de six mois mais d'une façon beaucoup moindre que dans le cas précédent.

Dans toutes les situations, n'essayez pas de jouer les analystes ni de poser un diagnostic : l'évaluation du langage et de la communication est une tâche de professionnel formé spécifiquement pour en examiner toutes les dimensions et toutes les implications dans une foule de contextes. Cependant, les informations que vous recueillerez en connaissant mieux votre enfant – qu'il présente un développement normal ou un parcours plus difficile – seront précieuses tant pour vous aiguiller sur les aspects à stimuler que pour enrichir les observations d'un orthophoniste que vous pourriez éventuellement consulter.

Tout au long de votre lecture, rappelez-vous que :

- les enfants n'apprennent pas tous à parler au même rythme ;

- les enfants qui sont à risque de présenter des troubles du langage ou de la communication peuvent être ciblés tôt dans leur vie ;

- les âges et les stades qui vous seront fournis doivent être vus comme étant situés entre deux développements : celui que l'enfant vient de réussir et celui qu'il s'entraîne à acquérir ;

- les âges et les stades de développement ont été fusionnés à partir de nombreuses données de recherche, mais on doit les interpréter en se gardant une marge de manœuvre. Un écart de quelques mois peut être très important au cours de la première année, mais il l'est de moins en moins lorsque l'enfant vieillit.

Où qu'il en soit dans son développement, on doit aider l'enfant à se rendre là où il se dirige.

Langage ou communication?
Des explications

«Bonjour madame. Qu'est-ce que je peux vous servir?
— Je prendrai le n° 6 dans le menu du jour.»

«Maman, est-ce qu'on va au parc aujourd'hui?
— Oui, mais quand ta sœur sera réveillée de sa sieste.»

«Allo!
— Bonjour, puis-je parler à madame Lavoie?
— Elle est au travail. Désirez-vous laisser un message?»

«Julie, je ne réussis pas mon casse-tête.
— As-tu commencé comme je te l'ai montré?
— Oui, mais je ne suis pas capable, je veux que tu m'aides.»

«Je ne crois pas que les chats aient vraiment neuf vies.
— Pourquoi?
— Parce que, selon moi, ça n'a jamais été prouvé.»

Par ces exemples de conversations, nous constatons d'entrée de jeu que le langage permet aux personnes de communiquer entre elles, d'exprimer leurs idées et leurs pensées, et ce, pour des raisons très différentes les unes des autres. Il faut réaliser que notre quotidien est principalement constitué de moments au cours desquels nous sommes en contact avec d'autres personnes, et que lorsque nous utilisons des mots et des phrases pour échanger avec elles, nous avons par le fait même un effet sur elles. Il existe plusieurs raisons pour lesquelles nous entrons en contact avec les gens, et généralement nous le faisons parce que nous avons des besoins : besoin d'attention, d'écoute, d'information, d'aide, d'approbation, de leur opinion, etc. Nous pourrions sans doute nous exprimer en employant d'autres moyens – des illustrations, des gestes, etc. –, mais il demeure que les mots ont beaucoup plus d'impact, qu'ils permettent plus de précision et d'efficacité. Bien entendu, d'autres éléments ont quand même leur place dans la communication, et les enfants apprennent à s'en servir et à les décoder chez les autres ; les gestes, les mimiques, les sons, les pleurs, les regards viennent s'ajouter aux paroles, préciser des messages et enrichir le lien avec les autres.

Mais le langage sert aussi à exprimer notre pensée, nos idées concernant certaines choses ou situations, les questions que nous nous posons, les réponses que nous pensons être les bonnes, nos opinions, etc. Tout cela ne peut être directement enseigné mais peut être enrichi chez notre enfant. Nous souhaitons donc que son langage, quand il sera plus vieux, soit suffisamment perfectionné pour lui permettre de traduire sa pensée en mots.

L'enfant parle

Comment peut-on définir la communication ?

L'enfant doit maîtriser	Ce que les orthophonistes appellent
• Les règles de l'échange ou de la conversation	• La pragmatique, ou l'utilisation
• La signification des mots	• La sémantique, ou le contenu
• L'ordre des mots et la grammaire	• La forme syntaxique
• Le choix des bons sons	• La forme phonologique

Les règles de l'échange ou de la conversation

Pour dire que deux personnes entrent en communication, il faut qu'au cours de cette rencontre certaines règles soient respectées. Afin de comprendre ce qui se passe entre elles, on peut comparer la situation à un jeu où il y a un lanceur et un receveur : un des participants lance la balle et l'autre l'attrape, puis ce dernier relance la balle et le premier joueur l'attrape à son tour. Par analogie, on peut donc dire que dans une conversation, les actions de parler et d'écouter ne peuvent se faire en même temps et que, chacun son tour, les participants prennent part à l'échange. On peut se demander à quoi il servirait de posséder un très grand vocabulaire, d'être capable de faire des phrases absolument parfaites et d'articuler clairement si on ne savait pas comment s'en servir avec les autres. C'est là qu'entrent en jeu les connaissances *pragmatiques*, celles qui permettent de savoir quoi dire et comment le dire, selon les circonstances.

On parle tout d'abord de règles de conversation. Lorsque deux participants décident de pratiquer un sport ou de jouer ensemble à un jeu, on tient pour acquis que tous deux sont d'accord pour jouer de la bonne façon, en suivant les règles généralement admises pour l'activité en question. On devrait considérer que la communication procède de la même façon : deux participants qui sont d'accord pour échanger des idées en utilisant la parole tout en respectant les règles nécessaires au bon déroulement de la «partie».

Pour qu'une communication soit efficace, l'enfant doit apprendre ces règles en observant les autres parler autour de lui. Meilleurs seront ses modèles, plus habile il deviendra à déduire les règles et à les mettre en application. Nous ne sommes pas tous aussi habiles les uns que les autres, mais je trouve intéressant de partager avec vous ces explications pour vous inciter à écouter les autres et à voir en quoi certains échanges sont mieux réussis que d'autres, et que certains tournent mal. Ce sera une belle façon d'enseigner à votre enfant à devenir efficace.

Voici quatre règles qui font qu'une situation de communication est pleinement réussie et idéale.

RÈGLE N° 1

Donner juste assez d'informations à l'autre, pas plus qu'il n'est nécessaire. En choisissant de parler de quelque chose à une personne, il faut être capable de porter un jugement sur ce qu'elle connaît déjà de ce sujet et sur ce qu'elle ne connaît pas.

Dans un échange avec une autre personne, la signification des mots et la structure de la phrase nous aident en partie à comprendre ce qu'elle veut nous dire, mais plusieurs autres facteurs visibles et invisibles entrent en ligne de compte.

Imaginez-vous dans cette situation : vous êtes attablé au restaurant, et pendant que votre ami s'absente quelques minutes, vous vous surprenez à écouter la conversation des clients de la table derrière vous. En l'absence des indices visuels (vous vous gardez bien une petite gêne en ne vous retournant pas pour regarder vos voisins de table!), êtes-vous en mesure de comprendre de quoi ils parlent? Je soupçonne que plusieurs phrases vous donnent envie de vous retourner pour vraiment savoir de quoi il s'agit, puisque ce dont parlent ces personnes semble faire référence à des objets sur la table, mais comme vous ne les voyez pas, vous ne savez pas lesquels. De plus, vous vous rendez compte que certaines phrases ne sont pas claires pour vous parce que vous n'en connaissez pas assez sur les gens ou les situations dont ils parlent. Il est évident que même en vous retournant à ce moment, vous n'en comprendriez pas vraiment plus. S'il en est ainsi, c'est que pendant que la conversation se déroule, il y a bien certains facteurs, présents ou absents, qui influencent la compréhension de la conversation. Je vous donne quelques explications.

Si la personne dit : « Wow, j'aimerais bien avoir les mêmes chez moi ! », croyez-vous que c'est de la salière et de la poivrière qu'elle parle, des ustensiles, ou encore d'un des articles de vaisselle ? Évidemment, si ce client avait eu besoin de faire une phrase complète, il aurait dit : « J'aime vraiment le style de ces bols à soupe avec des dessins de fleurs autour ! J'aimerais bien avoir les mêmes chez moi. » Toutefois, lorsqu'on est en présence de l'objet, on économise souvent plusieurs mots sans risquer que l'autre ne comprenne pas.

Quelques minutes plus tard, vous entendez : « Puis, l'as-tu eu finalement ? » Et l'autre de répondre : « Tu penses ! Depuis le temps que ça m'était dû. » Et le premier d'enchaîner : « Ouais, mais ça va faire une bonne différence pour toi. » Mais de quoi peuvent-ils bien parler ? Évidemment, vous pouvez y aller de plusieurs hypothèses allant du fait que la personne attendait une augmentation de salaire – qui, de toute évidence, lui a été accordée – à une réduction du nombre d'heures de travail – qui va lui permettre de travailler plus ou moins selon le cas –, en passant par une promotion, un héritage, et quoi encore ? Selon toute vraisemblance, ces gens savent de quoi ils parlent et n'ont pas besoin de s'en dire plus pour se comprendre, puisqu'ils sont au courant de la situation. C'est ce que nous appelons le « vécu partagé ».

Au-delà des mots, le langage comporte plusieurs autres éléments qui doivent tour à tour être pris en compte lorsqu'on se met dans la peau de l'enfant qui apprend. D'une part, quand nous nous adressons à lui, il faut lui en dire juste assez pour qu'il nous comprenne et, d'autre part, nous devrons quelquefois lui enseigner qu'il faut parfois donner plus de détails à l'autre, surtout s'il n'était pas présent lorsque l'événement duquel on parle a eu lieu.

Voyons par un autre exemple comment le vécu partagé influence la structure de notre conversation et nécessite que parfois nous ajoutions des informations, alors qu'à d'autres moments nous n'en avons pas besoin. Votre petit voisin vous rencontre dans la rue et vous dit, sans autre préambule : « Je l'ai eu ! » Qu'en comprenez-vous ? Comme vous ne savez pas grand-chose de la situation de laquelle il parle, vous restez d'abord perplexe. Pour arriver à déchiffrer son message, vous devez poser plusieurs questions. Bien sûr, vous arrivez à vous comprendre, mais l'enfant n'était pas très efficace au départ.

Je vous propose deux façons de voir la même phrase, dite dans des contextes semblables, avec ce que j'appelle une entrée en matière, une introduction du sujet, un « enrobage » en quelque sorte. Mieux construites, de manière à tenir compte des besoins d'information de l'autre participant pour qu'il les comprenne et suive facilement la conversation, ces phrases respectent bien la règle de base n° 1. Du point de vue de la communication, elles sont efficaces.

- Votre petit voisin part en voiture et vous dit : « Tu ne sais pas quoi ? Je m'en vais passer mon examen de natation, et j'espère avoir mon diplôme. » Au retour, vous le croisez et il vous lance, tout content : « Je l'ai eu ! »

- L'enfant vous rencontre et, cette fois, vous dit : « Aujourd'hui, j'avais mon examen de natation pour passer mon diplôme. Et tu sais quoi ? Je l'ai eu ! »

Dans ces exemples, nous constatons que l'enfant qui apprend à parler doit peu à peu découvrir de quelle manière commencer un échange. C'est un peu par essais et erreurs qu'il procède et évolue. Les réponses et les reformulations que lui donne l'adulte qui le guide sont en grande partie responsables de ce qu'il apprendra et comprendra. À la rubrique « Comment puis-je stimuler certains aspects particuliers du langage de mon enfant ? » (page 191), vous trouverez des suggestions pour amener votre enfant à devenir plus efficace sur le plan de la *quantité d'informations* à donner aux autres.

 **RÈGLE N° 2**

Donner des informations qui sont vraies ; ne pas parler de choses qui sont fausses ou qu'on ne peut prouver.

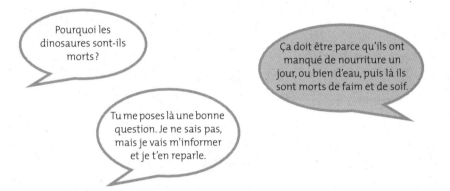

> Pourquoi les dinosaures sont-ils morts ?

> Ça doit être parce qu'ils ont manqué de nourriture un jour, ou bien d'eau, puis là ils sont morts de faim et de soif.

> Tu me poses là une bonne question. Je ne sais pas, mais je vais m'informer et je t'en reparle.

En tant que parents, nous avons la responsabilité de guider notre enfant afin qu'il devienne capable d'être clair et honnête dans ses échanges parlés. Pour qu'il réussisse ses conversations avec les autres, nous devons lui enseigner par l'exemple à ne pas dire volontairement des choses pour tromper les autres, à répondre correctement, mais aussi à être capable d'avouer lorsqu'il ne comprend pas. Un des rôles de l'adulte est de faire en sorte d'éviter à l'enfant de vivre des malentendus dans ses relations. L'efficacité d'un échange provient donc aussi de la *qualité de l'information* que nous transmettons. Comment aimerions-nous que l'annonceur du bulletin sportif qui a raté la fin d'un match nous donne la mauvaise équipe comme gagnante ?

 **RÈGLE Nº 3**

Donner des informations qui sont en rapport avec ce que l'autre vient de mentionner.

> Je suis allée voir un film vraiment intéressant hier soir. Tu sais, celui sur les dauphins ?

> Imagine-toi donc que je me suis acheté un nouveau vélo vraiment plus performant que celui que j'avais ! Cette fois-ci, je vais pouvoir aller faire de longues randonnées...

> Ça faisait longtemps que tu voulais y aller. De quoi ça parle au juste ?

La meilleure façon de comprendre cette règle est de tenter de trouver parmi les membres de votre entourage ou de votre famille quelqu'un avec qui il n'est pas plaisant de parler. Il y a de fortes chances, lorsque vous vous adressez à cette personne, qu'elle soit centrée sur elle, qu'elle rapporte tout ce que vous dites à sa vie, à ses expériences, à ses problèmes. Elle arrive toujours avec un « Et puis moi... ». On peut dire qu'elle aime beaucoup parler d'elle-même. Nous connaissons bien des gens qui semblent souvent à côté du sujet : on dirait qu'ils n'écoutent pas du tout ce dont on parle et qu'ils nous entraînent sur un autre sujet. Nous n'avons pas envie que l'enfant en développement ressemble à l'une ou l'autre de ces personnes. C'est pourquoi on peut lui enseigner à répondre à ce qui lui est demandé en pensant toujours à la *pertinence de l'information*. C'est en étant à l'écoute de l'enfant, en observant comment il communique avec les autres qu'il devient plus facile de constater s'il est en voie d'acquérir cette règle. Le chapitre « Petit guide d'observation de mon explorateur » (page 75) vous donnera de bonnes pistes pour vous aider à le connaître.

 ## RÈGLE N^O 4

Parler d'une façon claire, bien organisée, de manière à se faire comprendre le mieux possible.

C'est quoi ça?

C'est un avion qui passe dans le ciel parce que des gens ont décidé d'aller en vacances. Ou bien ils s'en vont visiter des gens qu'ils connaissent dans d'autres pays. Mais ça se peut aussi qu'ils aillent travailler. Tu as déjà pris l'avion toi aussi, mais tu ne t'en rappelles pas parce que t'avais deux ans. C'est comme mon amie, tu sais, celle qui vient parfois avec son petit chien noir. Eh bien, elle va parfois visiter la famille de son mari qui vit en Europe. Et puis, tu sais, son chien, il a dû se faire opérer parce qu'il s'était pris une patte dans la clôture...

C'est un avion qui passe au-dessus de la maison. C'est le bruit des moteurs que tu entends. On entend bien parce qu'il est proche de nous. Regarde là (en pointant du doigt), il est juste au-dessus de la maison.

Cet exemple se passe d'explication. Certains adultes ont du mal à structurer leurs messages de manière succincte tout en restant précis. On pourra penser que l'enfant qui, au cours de son développement, commence à utiliser des « et » et des « pis là » à profusion est inefficace. Cette situation sera temporaire seulement si l'adulte qui le guide lui fournit les modèles appropriés pour lui démontrer comment faire en sorte que ses phrases soient bien construites tout en respectant des données de *précision de l'information*.

Du moment où j'ai appris qu'il y avait de telles règles pour communiquer, j'ai été fascinée de constater que personne ne me les avait enseignées directement. Plutôt, je les avais déduites à partir de ce que j'avais entendu dans mon enfance, de mes échanges avec les autres.

Mais même après avoir compris et appliqué ces règles, trouvez-vous, comme moi, que quelque chose d'autre doit bien pouvoir expliquer pourquoi on ne se comprend pas toujours entre nous? Et cela arrive plus souvent qu'on ne le croit, même si nous employons des mots justes et des phrases bien bâties. La raison de ce phénomène réside dans le fait que lorsque nous communiquons, nous avons généralement en tête un but bien précis. Pour arriver à nos fins, nous exprimons notre *intention* d'une manière détournée; nous employons une phrase correctement construite, mais nous l'accompagnons d'un ton, d'une mimique, de gestes, d'une attitude qui en modifient le sens. Et ça, c'est tout un art à maîtriser, tant pour celui qui formule le message que pour celui qui doit le comprendre.

Prenons la place d'un jeune enfant et tentons de voir comment il peut comprendre le sens réel d'un message – en l'occurrence l'intention du parent – s'il s'en tient uniquement aux mots. Nous sommes très pressés pour arriver à un rendez-vous et notre enfant veut absolument mettre lui-même son manteau, et ce, même s'il a un mal fou à enfiler ses manches et à l'attacher. Somme toute, il nous retarde plus qu'il nous avance. C'est alors que nous lui disons: «C'est ça, mon grand, prends ton temps!»

Cet exemple illustre bien que nous employons une bonne phrase, de bons mots, mais que nous exprimons ce que nous ressentons, ce que nous pensons réellement d'une manière détournée. Combien de fois le faisons-nous? Si nous prenons le temps de nous écouter parler, nous constaterons qu'il nous arrive très souvent de dire, avec des mots, le contraire de notre intention. Nous nous exprimons tous les jours, à notre insu même, en recourant à l'ironie, aux sarcasmes, aux moqueries, aux comparaisons, à l'humour et au sens figuré. Cela aussi doit, un jour ou l'autre, être appris par les enfants, mais on conviendra qu'à l'âge préscolaire le secret d'une communication efficace réside dans l'utilisation de propos clairs et directs. Dans ses premières années, son niveau de compréhension ne lui permettant pas de démêler le vrai du faux, l'enfant prendra peut-être parfois nos paroles dans leur sens premier, sans pouvoir lire entre les lignes et interpréter notre intention. Nous ne devons donc pas être surpris de constater qu'il est souvent étonné par nos propos. Quelques échanges risquent de glisser dans l'incompréhension...

En plus des règles déjà décrites, il existe d'autres principes qui contribuent à faciliter les échanges avec l'autre participant. D'abord, comment manier l'art de commencer à parler juste au bon moment de manière que l'autre n'ait pas l'impression d'avoir été interrompu ? C'est ce que nous appelons le *tour de rôle*. Dans une pièce de théâtre, les rôles sont déjà déterminés, le texte a été écrit de façon qu'un acteur parle après l'autre. Dans la vie, nos répliques ne sont pas déjà préparées, et c'est pourquoi il se peut que nous ayons parfois de la difficulté à savoir quand nous pouvons prendre la parole. De plus, ce ne sont pas toutes les personnes qui sont capables de s'arrêter de parler, alors il faut savoir quand les couper ! Nous verrons que dès la première année de vie, si nous lui en donnons la chance, l'enfant commencera à expérimenter ce jeu. À nous, parents, de bien lui en montrer la règle.

Ensuite, comment entrer en relation avec une autre personne avec *politesse*, selon le degré de rapprochement de celle-ci avec nous ? En principe, nous ne devrions pas parler de la même façon à un inconnu qu'à un membre de notre famille. Le tutoiement, le vouvoiement, le «bonjour» ou le «salut» ne s'adressent pas aux mêmes personnes. Ce ne sont habituellement pas des règles que nous avons à enseigner : l'enfant devrait les apprendre indirectement par l'exemple que lui donnent les adultes qui l'entourent. Il se produira bien sûr quelques incartades qui nécessiteront peut-être une intervention de notre part (par exemple : «Au restaurant, on dit "Bonjour madame", et non pas "Salut", parce que cette dame, ce n'est pas comme ton ami.») mais une fois la précision faite, l'enfant retient généralement l'information.

En résumé, pour être efficace quand il entre en communication avec une autre personne, l'enfant devra maîtriser quelques règles :

- la quantité d'informations à donner ;
- la qualité de l'information ;
- la pertinence de l'information ;
- la précision de l'information ;
- la compréhension des signes (autres que les mots) qui expriment une intention ;
- le tour de rôle ;
- la politesse.

La signification des mots

Voyons comment l'enfant fait pour parvenir à apprendre les mots. Il doit tout d'abord connaître les choses qui sont autour de lui – leur usage, leur nom – avant de pouvoir en parler. Cela lui permettra plus tard de les nommer ou de les décrire, de dire à quoi elles servent, s'il ne se rappelle plus leur nom. De la même façon, il doit aussi s'intéresser aux actions que font les gens (dormir, manger, sauter, etc.), à celles qui peuvent être faites avec des objets (conduire, dessiner, balayer, etc.) ou par certains objets eux-mêmes (rouler, sonner, tourner, etc.). C'est pourquoi il apprend un ensemble de noms et de verbes qui constituent ce que l'on appelle le «vocabulaire».

Le vocabulaire initial de l'enfant concerne d'abord le petit monde tout près de lui. Il enregistre premièrement les mots qui y sont rattachés, puis il étend ses connaissances au fur et à mesure qu'on élargit ses horizons. En s'intéressant au monde en général, il parle de plus en plus des choses qui sont présentes dans un environnement plus éloigné. Pour le moment, il ne possède qu'un *vocabulaire concret* qui représente ce qu'on peut voir.

Au moment où l'enfant enregistre un mot, plusieurs phénomènes se produisent dans son cerveau : son petit ordinateur analyse. Regardons deux objets.

En tant qu'adulte, vous savez que cela s'appelle un « ballon ». Mais si l'objet de gauche vous a été présenté le premier par vos parents, comment avez-vous fait pour savoir que celui de droite portait également le même nom ? C'est un phénomène qui s'explique par une sorte d'analyse que fait le cerveau. Sans que vous le sachiez, une opération complexe s'est produite : sans le vouloir consciemment, vous vous êtes dit quelque chose comme : « J'ai déjà vu un autre objet comme celui-ci... »

Les données suivantes ont été enregistrées dans votre ordinateur personnel, votre cerveau, pour que vous procédiez ensuite à l'analyse de l'objet :

- C'est rond.
- C'est gros.
- C'est vide.
- C'est rigide.
- C'est assez résistant.
- On peut le prendre dans ses bras.
- On peut le lancer.
- Il reste un peu dans les airs quand on le lance.
- Ça rebondit un peu quand ça arrive par terre.

Toute cette analyse se fait heureusement à notre insu, car ce serait épuisant de répéter cette démarche à chaque nouvel objet qu'on nous présente pour en apprendre le nom. C'est la même chose qui survient pour apprendre les verbes, l'analyse se produit quand on voit devant nous se dérouler une action. Que quelqu'un coure vite ou lentement, on sait que quand il se déplace autrement qu'en marchant, que ses jambes se soulèvent dans un mouvement différent, cela s'appelle «courir».

Grâce à notre intelligence, nous possédons donc la possibilité d'analyser les caractéristiques d'objets et d'actions, puis de nous en faire une certaine image dans notre tête. C'est ce que nous appelons une «représentation mentale». La meilleure façon de comprendre ce qu'est une représentation mentale est de l'expérimenter. Prenez quelques secondes pour faire l'exercice suivant. Fermez les yeux. Pensez à quelqu'un: votre enfant, votre meilleur ami, etc. Dans votre tête devrait apparaître une photo de la personne en question. C'est sa représentation mentale. Vous pouvez refaire l'expérience avec n'importe quel objet: chaque personne se fera une représentation mentale différente selon son expérience, mais en les comparant, nous constaterons qu'elles partagent un ensemble de caractéristiques.

Une fois que nous sommes capables de nous faire une image d'un objet dans notre tête, nous pouvons dire que notre cerveau a, en quelque sorte, enregistré dans des cases supplémentaires les caractéristiques qui le décrivent. La prochaine fois que nous rencontrerons un objet semblable, nous le comparerons à ces caractéristiques et nous en déduirons le nom. Dans l'exemple précédent, cela signifie qu'une fois que nous connaissons le mot «ballon», personne n'a besoin de nous montrer tous ceux qui existent pour qu'on puisse les connaître. Donc, la première fois que nous verrons un ballon de plage, par exemple, nous serons en mesure de le nommer «ballon».

Avant de posséder un vocabulaire précis et adéquat, l'enfant traverse certaines phases, plus ou moins longues selon chacun. L'enfant qui apprend de nouveaux mots donne l'impression de fonctionner comme si son ordinateur n'était pas encore assez puissant pour tenir compte de l'ensemble des détails que nous remarquons. Au départ, c'est comme s'il faisait une analyse incomplète de l'objet. Disons maintenant que notre petit connaît les ballons pour en avoir vu à quelques reprises. Puis, pour la première fois, nous lui présentons une balle. Essayons de nous imaginer comment son cerveau pourrait analyser le tout.

- C'est rond.
- On peut le lancer.
- Ça rebondit par terre quand on le lance.

Si l'enfant connaît le mot «ballon», ce sera peut-être celui qu'il utilisera. Ce phénomène s'appelle «surgénéralisation» du mot. Vous connaissez peut-être d'autres exemples du même genre. Celui qui m'a été le plus souvent relaté concerne le mot «papa». En effet, il n'est pas rare d'entendre un enfant dire «papa» pour désigner un autre homme que son père. Cela suscite de nombreuses blagues, il va sans dire, mais ce n'est que le reflet du processus d'acquisition du vocabulaire. L'enfant a bien réalisé qu'il devait se servir d'un nom de personne de sexe masculin, mais comme il ne possède pas encore de mots pour exprimer «ami», «oncle» ou le prénom de la personne, il se débrouille avec ses moyens. L'évolution et la précision du vocabulaire appartiennent ensuite à la qualité et à la variété de la stimulation qu'il recevra, à ses expériences et à ses champs d'intérêt. La même situation se produira à plus d'une reprise au cours de son développement. On s'en rend compte en écoutant attentivement des enfants qui, ne connaissant pas de mot pour nommer un objet, en choisissent un de la même catégorie.

Pour nous aider à comprendre comment le vocabulaire est organisé, nous pourrions comparer le répertoire de mots que notre petit est en train de monter à une commode à plusieurs tiroirs. Dans chaque tiroir, nous rangeons des vêtements différents: des bas et des sous-vêtements dans celui du haut, des chandails dans celui du milieu et des pantalons dans celui du bas. Lorsque nous cherchons un chandail en particulier, nous savons dans quel tiroir regarder, mais nous ne mettons pas toujours la main sur le bon chandail du premier coup. Nous devons parfois en tâter quelques-uns avant de tomber sur celui qu'on veut, et là tout dépend bien entendu de l'état de notre tiroir, s'il est ordonné ou pas. C'est un peu la même chose pour les mots: l'enfant en développement sait dans quelle catégorie chercher (son tiroir), car les mots qui s'y trouvent ont des caractéristiques similaires, mais il se peut qu'il ne tombe pas sur le bon mot à son premier essai. Par exemple, pour parler d'un «banc», il pourrait dire une «chaise», et pour obtenir une «cuillère», il demandera une «fourchette».

Lorsque le vocabulaire de base des noms et des verbes est assez bien constitué, l'enfant doit aussi être capable de parler des caractéristiques des objets, il doit pouvoir les préciser par leurs qualités et les différencier des autres par les traits qui les distinguent. On parle alors de «concepts». C'est ce à quoi servent les noms de couleurs, les adjectifs qualificatifs, les adverbes de temps, les prépositions spatiales et temporelles, etc. L'enfant peut maintenant spécifier qu'il veut son ballon *rouge* ou sa *grande* tasse. Encore une fois, l'analyse que fera l'ordinateur de l'enfant des caractéristiques qu'il observe ou entend lui permettra d'ajouter ce nouveau groupe de mots à son vocabulaire.

Au fur et à mesure que son vocabulaire s'accroît, l'enfant commence à pouvoir parler de choses dont la représentation n'est plus possible, car elles ne se voient pas. Ce n'est que lorsqu'une certaine maturité intellectuelle apparaît qu'il peut comprendre et utiliser des mots plus *abstraits*, comme «chance», «politesse», «honnêteté», etc.

L'ordre des mots et la grammaire

Pour entrer efficacement en communication avec une personne, l'enfant doit savoir que l'ordre des mots est important. À nouveau, il y a des règles à respecter, celles de la syntaxe, qui nous indiquent ce qui est admis ou non dans la langue que nous parlons. C'est pour cette raison que nous pouvons dire «Je bois un bon verre de jus», et non «Je bois un verre de jus bon». Tout comme pour les règles de la conversation, celles de la syntaxe ne sont pas enseignées comme telles; cette fois encore, l'enfant les déduit à travers ses expériences d'échanges avec les gens qui l'entourent.

En les comparant aux propos des adultes, nous pourrions être tentés de considérer les phrases des enfants comme mal construites, disons fautives. Mais rappelons-nous que l'enfant apprend par essais et erreurs, et comme il doit presque créer une phrase nouvelle chaque fois qu'il s'exprime, il est normal qu'au cours de son développement tous les mots ne soient pas bien alignés, que tous les éléments de grammaire ne soient pas bien accordés. Voici quelques exemples des «faux pas» des enfants qui doivent être considérés comme la normalité au cours du développement.

• Le camion du garçon.	Le camion de le garçon.
• La maman donne le biberon au bébé.	La maman donne le biberon à le bébé.
• Je suis tombé.	J'ai tombé.
• L'autobus, l'éléphant et l'oiseau.	Le nautobus, le néléphant et le zoiseau.
• Ils étaient.	Ils sontaient.
• Je m'amusais.	Je s'amusais.
• Il a une belle fleur.	Il a une fleur belle.
• Je mets la glissade pour que le bébé glisse.	Je mets la glissade pour le bébé i glisse.
• Ça, c'est les cochons qui se font des bisous.	Ça, c'est les cochons a s'fait des bisous.

L'enfant a donc beaucoup à apprendre sur le plan grammatical : il doit parvenir à analyser les règles qui donnent des indices sur le nombre d'objets dont on parle, le moment où un événement a lieu, le genre de la personne qui fait une action, ou encore celle à qui profite une action. L'acquisition de la grammaire est importante, car elle permettra à l'enfant de préciser sa pensée selon ses idées et, par le fait même, de faciliter la compréhension de ses messages pour ceux à qui ils sont destinés.

Voyons ce que la grammaire nous permet de transmettre plus précisément.

Information exprimée	Distinction exprimée	
Le nombre	Je mange une pomme.	Je mange des pommes.
	Il écrit.	Ils écrivent.
Le temps	Je cours.	J'ai couru.
Le genre	Elle joue.	Il joue.
Le bénéficiaire	On la gâte.	On le gâte.

En apprenant à parler, l'enfant fait certains essais et, au départ, ne respecte pas l'ordre des mots : sa syntaxe est en voie d'acquisition. Il dit les choses comme elles se présentent à lui : « Dzik encore » signifie « Remets-moi encore de la musique », alors que « Tanda maman » ou « Maman tanda » veut dire « C'est le chandail de maman ». Puis, graduellement, il apprend des règles qui lui permettent de mieux aligner ses mots. C'est au moment où il commence à combiner trois mots ou plus qu'il parvient à respecter certaines règles qui font que ses phrases commencent à ressembler à celles des adultes. Les inversions qui sont présentes dans les types d'énoncés précédents ne surviennent plus.

Lorsque nous écoutons parler des enfants de 3 à 7 ans, nous avons souvent l'impression qu'ils sont plus faciles à comprendre parce qu'ils prononcent mieux, qu'ils ont un vocabulaire plus juste ou une meilleure grammaire, mais c'est surtout le développement syntaxique qui fait une différence. Lorsqu'ils veulent s'exprimer pour diverses raisons – raconter, expliquer, décrire, etc. –, leur capacité à faire des phrases plus longues, plus complexes, plus variées, ou encore à recourir à des phrases déclaratives, négatives ou interrogatives leur permet d'être plus précis.

Nous disions plus tôt que l'enfant peut parfois nous dérouter s'il ne donne pas assez d'informations (voir l'exemple de «Je l'ai eu» [page 44] à la rubrique «Les règles de l'échange ou de la conversation»). Voici un exemple du même type. Un enfant revient d'une visite chez sa grand-mère. Il a vu les chatons que la chatte d'une voisine vient d'avoir. Il dit à sa mère: «A eu six, amie grand-maman.» Tout comme moi, vous constatez que la structure de la phrase n'est pas adéquate sur le plan de son organisation. Évidemment, il s'agit d'un tout jeune enfant qui désire informer mais qui ne possède pas encore la solidité syntaxique pour le faire correctement. Au fil des ans, on constatera que l'évolution amène une plus grande précision syntaxique. Si l'enfant avait été plus vieux, il aurait peut-être pu faire une phrase plus longue et un peu mieux organisée qui aurait ressemblé à: «Amie à grand-maman à moi a six bébés chats» et puis, plus tard à: «La chatte de la voisine de grand-maman a eu six chatons».

Le choix des bons sons

Pour se faire comprendre dans sa langue, l'enfant doit aussi apprendre les sons qui en font partie. À la naissance, l'ensemble des organes qui servent à prononcer ne sont pas encore tout à fait assez matures pour que l'enfant puisse commencer dès le départ à faire des sons proches de ceux des adultes. Quelques mois plus tard, la maturité physiologique permettra de synchroniser le tout et de faire en sorte que les sons commencent à ressembler à ceux de sa langue maternelle. L'évolution respecte un certain ordre et les phases peuvent, encore une fois, varier d'un enfant à l'autre. C'est bien entendu à partir de ces sons individuels que l'enfant pourra bâtir les mots.

Je tiens tout de suite à apporter une précision qui, en plus de vous aider à saisir comment l'enfant apprend les sons pour parler, vous sera aussi utile lorsque vous tenterez de comprendre votre enfant ou de l'aider dans ses premières expériences avec la lecture et l'écriture.

Le *son* est l'unité la plus petite que nous pouvons produire. Plusieurs sons, une fois combinés, forment un *mot*.

《ABC》 Rappelons-nous que...

Les voyelles sont : *a, e, i, o, u, y.*
Les consonnes sont : *b, c, d, f, g, h, j, k, l, m, n, p, q, r, s, t, v, w, x, z.*

Du côté des consonnes, le *son* qui représente celui que l'on fait quand quelqu'un dort et qu'on désire qu'une personne ne fasse pas de bruit est le son *ch*. Faites l'essai de le prononcer, et vous verrez que votre bouche ne fait qu'un seul mouvement et un seul son. Cependant, il est constitué de deux *lettres* : *c* et *h*.

Du côté des voyelles, c'est la même chose, et on trouve même un plus grand nombre de possibilités. Plusieurs *sons* sont constitués de deux ou trois *lettres*. Pensons au son *o* qui peut s'écrire aussi bien « o » que « au » ou « eau », ou encore au son *in* que l'on peut écrire « in », « ain », « im » ou « ein ».

Mais à l'inverse, la *lettre x* fait deux *sons*, et si on écoute bien, elle se prononce même de deux façons différentes. Ainsi, dans « taxi », c'est comme si on disait « tacsi », alors que dans « exemple », on entend plutôt « egzemple ». Cela devient important quand on veut comprendre la difficulté qu'affronte l'enfant pour mettre les sons les uns à la suite des autres et encore plus lorsque vient le temps de les écrire.

Pour en venir à maîtriser la bonne prononciation, l'enfant doit tout d'abord parvenir à prononcer les sons individuellement. Par la suite, il lui faut apprendre à combiner ces sons de certaines façons, pour former des mots. L'enfant qui fait cet apprentissage ne parvient pas à assembler les sons correctement dès les premiers essais. C'est pourquoi, lors de ces premières combinaisons, on assiste à plusieurs types de transformations, et ce, en dépit du fait qu'on lui dise clairement les mots ou qu'on lui demande de les répéter correctement.

Lors des combinaisons de sons, les mots subissent différentes transformations.

- Des redoublements de syllabes. L'enfant dira «toto» pour «auto» ou «kiki» pour «biscuit».
- Des raccourcissements de mots. Prononcer deux, voire trois syllabes d'affilée peut être difficile pour le débutant. C'est pourquoi il est fréquent d'assister au retranchement de certaines syllabes ou de sons, par exemple: «éphant» pour «éléphant», «apin» pour «lapin» ou «patule» pour «spatule».
- Des remplacements de sons. Il est normal à certains stades du développement d'entendre des mots prononcés différemment de ceux de l'adulte, par exemple: un «sa» au lieu d'un «chat», du «tavon» au lieu de «savon» ou un «tamion» plutôt qu'un «camion», ou encore une «soulis moire» au lieu d'une «souris noire».
- Un mélange de ces transformations. Prenons le mot «téléphone». L'enfant élimine d'abord la syllabe «lé» («téphone»). Puis, le son F (PH) étant difficile à produire à son jeune âge, il le remplace par ce qu'il peut dire, soit T, ou encore il redouble le «t» de la première syllabe. Quoi qu'il en soit, il reste la production «tétone».

Que l'enfant fasse ces transformations est tout à fait normal, et celles-ci diffèrent d'un enfant à l'autre. Mais certains ne passeront pas par toutes ces transformations avant d'en arriver à produire le mot correctement. On ne peut pas savoir précisément lesquelles l'enfant utilisera ou n'utilisera pas au cours de son développement. Évidemment, plus son langage s'éloignera de ces transformations, plus ses mots se rapprocheront de la forme des mots des adultes, et, au point de vue de l'articulation, plus il sera facile à comprendre.

L'enfant comprend

Dans le dossier précédent, nous avons comparé la communication entre deux personnes à un jeu de balle, avec un lanceur et un receveur. L'enfant y tenait plutôt la position de lanceur : c'est lui qui produisait des énoncés, lui qui parlait. Mais dans ce jeu, l'enfant ne fait pas que lancer des balles : il en reçoit aussi. C'est pourquoi, dans la conversation, la compréhension joue un rôle tout aussi important que l'expression.

Mais qu'est-ce qu'on entend précisément par «comprendre» le langage? On pourrait dire que comprendre, c'est se faire une image dans sa tête à partir de ce que l'on entend. Ainsi, pour comprendre ce qu'une personne lui dit, l'enfant doit tenter de:

- se faire une idée de ce qu'il vient d'entendre en allant fouiller dans ce qu'il connaît déjà sur la signification des mots, les notions de grammaire et la manière dont les mots sont ordonnés;

La fille tient son ballon.

La fille a perdu
un de ses ballons.

- «voir» dans sa tête ce que les mots veulent dire, par exemple une auto de course.

Pour *comprendre*, l'enfant a besoin de :

- bien entendre ;
- porter attention à ce qu'on lui dit ;
- pouvoir aller rechercher des informations dans sa mémoire ;
- se servir des connaissances qu'il a déjà apprises ;
- faire des liens, pouvoir associer les connaissances entre elles ;
- se référer au vocabulaire qu'il a appris ;
- utiliser sa logique ;
- tenir compte du contexte ;
- déduire certaines informations qui n'ont pas été dites.

Comme nous le disions aussi, au fur et à mesure qu'il évolue, l'enfant deviendra de plus en plus capable de tenir compte des indices non verbaux donnés par la personne qui s'adresse à lui. Pour comprendre, il devra donc également prendre en considération ces informations qui ne sont pas transmises par des mots : les mimiques, les gestes, les intonations, etc.

Les recherches nous ont appris que la compréhension précède l'expression. Le développement de la compréhension suit aussi des phases, qui sont différentes de celles par lesquelles passe l'expression. Vous les découvrirez au fil de votre lecture.

Bien parler ou parler sa langue maternelle?

Dans ma vie personnelle, il m'est souvent arrivé de devoir me présenter à des gens. Dès que je mentionnais que je travaillais en tant qu'orthophoniste, j'avais droit à toutes sortes de réactions : soit on se mettait à articuler exagérément, soit on me disait directement qu'on était mieux de «bien parler» en ma présence. Sans compter que j'entendais les efforts faits par mes interlocuteurs pour prendre un accent semblable à celui de nos cousins français ou adopter un vocabulaire plus recherché. Mais puisque nous parlons d'orthophonie, arrêtons-nous le temps de préciser l'origine de ce terme. D'origine grecque, *ortho* signifie «droit», et *phonie*, «son». C'est en ce sens que je trouve important de faire ici la distinction qui s'impose entre la langue et le langage.

Je vous ai démontré que le langage est un système complexe qui permet de transmettre ce qui se passe dans notre pensée. Le véhicule utilisé pour ce faire est la langue que nous parlons : ici, c'est le français. Celui-ci est constitué de phonèmes, de mots et de structures de phrases bien particulières à chaque pays, communauté et région qui l'utilisent. C'est pourquoi il diffère chez les utilisateurs de la langue française. Bien que nous désirions que notre enfant «parle bien», nous voulons surtout qu'il se fasse comprendre des gens qui l'entourent. C'est pourquoi, en travaillant avec les enfants, je me suis donné comme objectif de respecter les particularités de la langue chez chacun. Certains parents m'ont questionnée sur le fait que je ne faisais pas mettre tous les mots de grammaire aux enfants ou que je n'exigeais pas que les *e* muets soient prononcés. J'ai toujours cru que l'enfant devait se sentir à l'aise en s'exprimant et que les caractéristiques parlées dans sa famille ou sa région devaient demeurer les plus naturelles possible. Quelques-unes de ces particularités qui font la richesse de certains groupes de langue française sont illustrées plus bas par des exemples.

Cependant, le meilleur moyen de nous en faire une idée juste est de prendre le temps de nous écouter entre adultes, de tendre l'oreille aux enfants que nous considérons comme n'ayant pas de problèmes, ou encore de s'arrêter à certaines entrevues télévisées ou radiophoniques faites auprès de gens de la rue. Ne vous contentez pas de lire les exemples qui suivent, dites-les plutôt à voix haute : cela devrait vous convaincre de l'exactitude de mes observations.

Avez-vous déjà remarqué que nous employons deux sujets dans nos phrases ?

Ma belle-sœur, elle a acheté une nouvelle auto.

L'écureuil, il passe sur le fil tous les matins.

Mais nous remplaçons plus souvent les pronoms « il » par « i » et « elle » par « a » :

Ma belle-sœur, a l'a acheté une nouvelle auto.

L'écureuil, i passe sur le fil tous les matins.

Et nous faisons à peu près la même chose dans nos questions :

Tu veux-*tu* aller au cinéma ce soir ?

Nous modifions également la forme des questions, par exemple : « Est-ce qu'elle veut aller au cinéma ? » en disant plutôt :

A veux-*tu* aller au cinéma ce soir ?

A veux-*tu* aller au cinéma à soir ?

Et employons-nous correctement le « que » dans nos questions ? Disons-nous : « Qu'est-ce que tu fais aujourd'hui ? » ou plutôt :

Qu'est-ce tu fais aujourd'hui ?

Qu'est-cé qu'tu fais aujourd'hui ?

En matière de prononciation, n'essayons pas d'inculquer à notre enfant des façons de parler moins naturelles, qu'il n'entendra ni à la maison ni avec les gens qu'il fréquente. « Parce que » en est un exemple courant. En effet, j'ai souvent remarqué qu'on demandait à l'enfant de bien prononcer chaque syllabe : « par – ce – que » ; mais le faisons-nous nous-mêmes ? Allons-y d'une tentative : dites-le à voix haute sans vous forcer à bien parler. Il y a des fortes chances que le deuxième *e* du mot soit absent : on entend le plus couramment «pars' que» ou, si on est un peu plus pressé «pas' que».

Ces exemples sont tirés de ma propre expérience et je n'ai pas la prétention de dire qu'ils sont complets. Je les ai trouvés au fil de ma pratique et je n'ai pas fouillé les recherches scientifiques en linguistique. Je crois cependant que les tout-petits qui apprennent à parler ont suffisamment à analyser, à s'entraîner et à s'améliorer pour que nous puissions exiger qu'ils produisent à l'oral des formes écrites, littéraires, qu'ils n'ont à peu près aucune occasion d'entendre. Les modèles de stimulation que vous leur donnerez gagneront à être grammaticalement bien produits, clairement articulés, et à respecter les caractéristiques de la langue de votre entourage. Le chapitre «Suggestions pour guider votre explorateur», page 173, vous en fournira plusieurs exemples. Je ne pense pas qu'il y ait des façons «bien» de parler ou que c'est «mal» d'avoir certaines caractéristiques : pensons plutôt en termes d'efficacité. La question importante à vous poser est la suivante : «Est-ce que mon enfant se fait bien comprendre de ceux qui l'entourent?»

Le langage sert à communiquer avec les autres et à exprimer sa pensée. Voici donc les tâches de l'enfant qui apprend à parler.

- L'enfant n'a pas qu'à apprendre une série de phrases mais aussi un ensemble de règles, un peu comme un participant à un jeu ou à un sport. Ces règles concernent :

  ◇ la quantité d'informations qu'il doit fournir à quelqu'un en tenant compte du vécu partagé ;

  ◇ la qualité des informations qu'il faut transmettre ;

  ◇ la pertinence des informations qu'il donne ;

  ◇ la précision des informations ;

  ◇ la politesse.

- Il doit apprendre la signification des mots : le vocabulaire concret, les concepts et les mots plus abstraits.

- Il doit aussi apprendre à choisir les bons mots pour exprimer sa pensée, les ordonner pour former des phrases compréhensibles, grammaticalement acceptables, et sélectionner le tout selon le but qu'il poursuit.

- Il doit apprendre à prononcer les sons de sa langue pour pouvoir les ordonner en mots.

- Il doit comprendre ce qui lui est dit de manière à pouvoir agir.

- Il doit, par l'enseignement qu'on lui donne, apprendre des manières naturelles de parler, en respectant les caractéristiques de sa langue maternelle.

Voici un schéma qui illustre ce qu'est la communication.

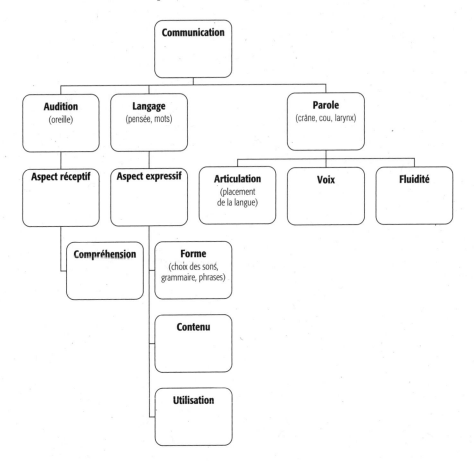

Mystère : un jour mon enfant commence à parler

L'apparition des premiers mots est pour la plupart des gens la première manifestation concrète qui témoigne que l'enfant développe son langage. Toutefois, en poussant plus loin la réflexion, n'est-il pas mystérieux qu'un bébé qui naît sans être capable de dire le moindre mot en vienne, au bout d'une année tout au plus, à exprimer quelque chose qui correspond réellement à ce que les gens autour de lui peuvent comprendre : son premier vrai mot ? On pourrait être porté à croire que, comme la marche, le premier mot apparaît simplement quand l'enfant est prêt à le dire. Les détails de ce merveilleux phénomène m'ont toujours épatée et, avec le temps et une meilleure compréhension des phases que traverse l'enfant, j'en suis venue à la conclusion que sa première année de vie est possiblement la plus importante de toute son existence. Pour cette raison, je partage ici avec vous les secrets de ce formidable voyage...

Comme pour tout voyage, le petit explorateur qui arrive parmi nous a besoin d'un certain bagage. Celui-ci lui permet d'accéder au monde de la communication et de profiter de ce qu'il lui offre. Le développement du langage fait partie du monde de l'enfant, de son développement général. Il naît équipé pour apprendre et il ne demande qu'à avoir un bon guide pour le mener sur le chemin de la découverte.

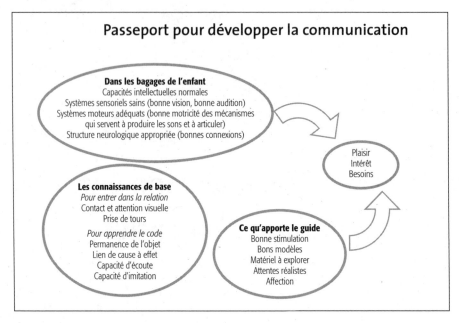

Pour expliquer comment l'enfant arrive à parler, nous pouvons retenir principalement deux phénomènes. D'une part, une partie de l'apprentissage se fait grâce à l'*interaction* que l'enfant a avec son parent. D'autre part, grâce à son équipement, entre autres son *intelligence*, il organise de lui-même les informations qu'il reçoit et qu'il analyse en construisant dans son cerveau des sortes de dossiers. Dans ces dossiers, il ajoute peu à peu de nouvelles informations, lesquelles font en sorte de rendre sa compréhension du monde de plus en plus précise. Par le fait même, sa façon de réfléchir est de plus en plus complexe.

L'enfant arrive donc au monde avec, dans ses bagages, des aptitudes innées pour être intéressé par le langage et une programmation particulière pour l'apprendre. Mais pour que ce programme soit mis en fonction, le guide se doit d'éveiller l'enfant, en lui parlant, en lui montrant l'utilité de s'en servir et en l'enrichissant au fil des jours.

Dans le contenu de son bagage, l'enfant possède une disposition spécifique à l'être humain pour s'intéresser, distinguer et, comme un ordinateur, traiter les informations sonores de la voix humaine. On comprend par là que, bien qu'il entende tous les sons et les bruits qui l'entourent, les sons de la parole retiendront particulièrement son attention afin qu'il tente plus tard de les imiter. En plus d'analyser les sons de la parole qu'il perçoit autour de lui, il faut aussi qu'il puisse se rendre compte que le fait de les produire finit par donner quelque chose, qu'ils lui permettent d'avoir de l'attention, des soins, des objets, etc.

Dans sa première année, grâce à son intérêt pour le langage, l'enfant découvre progressivement son monde sonore, il l'explore et fait des essais isolés. Une série d'essais se transforment finalement en phases, qui apparaissent les unes après les autres. Aussitôt qu'une phase est complétée, la nouvelle connaissance s'ajoute à la précédente et celle-ci, n'ayant plus de raison d'être, disparaît au profit d'un développement plus évolué. De façon concrète, au cours de la première année, les pleurs et les cris cèdent la place au gazouillis, lui-même remplacé par le babillage, jusqu'à ce qu'apparaissent les premiers mots. Bien entendu, l'enfant utilise aussi les gestes pour communiquer, et tant que les mots ne lui permettront pas de se faire suffisamment comprendre, il continuera de s'en servir. Il les mettra de côté vers l'âge de 2 ans alors qu'il lui sera plus facile de parler.

Quant à l'interaction qu'il a avec ses parents, on constate que le bébé agit de façon à susciter chez eux des réactions. Il donne des indices de ses besoins et son petit corps communique déjà. Par des mouvements qu'il fait quand vous vous approchez de lui ou quand vous le prenez, vous savez déjà, si vous y portez attention, que ce que vous faites lui plaît ou non. Ainsi, il vous pousse à réagir – soit à le prendre différemment, soit à le caresser – et déjà il vous entraîne dans le jeu d'échanges et d'interactions dont nous parlions précédemment. Vos réactions sont des signaux qui lui indiquent que ce qu'il vous communique a été bien reçu, ce qui lui confirme que ses efforts de communication ont porté leurs fruits. Dans son cerveau, des informations s'enregistrent et prennent la forme d'une série d'actions qui créent l'enchaînement suivant : il a appris que lorsqu'il veut quelque chose, il le manifeste d'une certaine façon, puis il s'attend à recevoir une réponse. C'est ce qui encourage ses initiatives et le pousse à en prendre d'autres. De cette façon, les premiers liens de cause à effet se développent.

Le parent joue un rôle primordial dans le fait que l'enfant comprenne le lien de cause à effet.

Le rôle que tient l'intelligence dans cet apprentissage n'est pas à négliger. Ce n'est pas parce qu'on parle toute la journée à un enfant qu'il apprendra nécessairement à parler. Il faut que son équipement de base contienne un dispositif qui lui permette de tenir compte simultanément de tous les éléments compris dans l'acte complexe de communication : les sons, le sens des mots, la grammaire, les règles qui gèrent les combinaisons de mots en phrases et les règles de communication. On a raison de se demander comment il s'y prend pour y parvenir...

Dans les faits, plusieurs stratégies lui sont nécessaires. De lui-même, il doit :

- porter attention à son environnement ;
- agir sur son environnement : explorer, toucher, manipuler ;
- s'organiser pour que ce qui répond à ses besoins puisse se produire à nouveau, ce que nous avons nommé précédemment le «lien de cause à effet». Une fois qu'il a compris qu'il peut avoir de l'effet sur son parent, il prolonge la réflexion plus loin en constatant que, dans le monde extérieur, certaines actions peuvent avoir une réaction.

Comment l'enfant étudie-t-il le lien de cause à effet dans son monde extérieur?

S'il laisse tomber une balle par terre, elle rebondira, alors que s'il échappe son bol de céréales, il se videra de son contenu. Il se dit donc que quand il fait quelque chose, autre chose arrive : action-réaction ou cause à effet.

L'enfant ne cesse de réfléchir à ce qui se produit au cours de ses nombreuses expériences. Il comprend aussi que s'il fait quelque chose lui-même, il peut également avoir un effet sur son environnement : il demande et on lui donne ; il questionne et on lui répond. Cette forme de pouvoir suscite chez lui le goût de communiquer. C'est pourquoi il doit y avoir absolument quelqu'un qui soit présent et qui donne suite à ses demandes.

Dans son bagage doit se trouver un autre outil, qu'on appelle «permanence de l'objet». Cet outil, comparable à un appareil photo, lui permet d'imprimer dans son cerveau les images de ce qu'il a vu dans son environnement, des images qui lui rappellent que les objets portent des noms, dont il se servira éventuellement, et ce, même quand les objets ne seront plus là. Par la suite, une fois que les images des objets et des personnes seront assimilées et acquises, il pourra enregistrer les observations qu'il fait sur les relations entre les objets et commencer à greffer des informations tirées de ces observations sur les relations entre les objets : c'est ce que nous avons appelé les «concepts». Un peu plus tard, il sera en mesure d'ajouter des mots abstraits.

Pour vous aider à comprendre ce phénomène, faites l'exercice suivant. En fermant les yeux, voyez ce qui apparaît dans votre tête lorsque vous pensez tour à tour aux mots ou aux expressions qui suivent :

- pomme ;
- courir ;

- en dessous ;
- avoir un œil au beurre noir.

Sachez qu'il n'y a pas de bonnes ou de mauvaises réponses à cet exercice, car chaque personne est différente ; mais il faut que vous ayez eu une image quelconque, une idée pour chaque mot ou expression. Si cela s'est produit, quel que soit ce qui vous est apparu – un objet, une pensée pour quelqu'un, une situation ou autre chose –, c'est que les objets ont laissé une empreinte dans votre cerveau et que vous êtes capable d'y avoir recours par le simple fait de les nommer. L'objet n'y est pas, mais son image est présente. Pour que l'enfant puisse apprendre et retenir des mots, il faut que lui aussi soit capable de cette pensée abstraite. Il est alors prêt, dans sa tête et par l'intermédiaire des mécanismes qui servent à produire la parole, à dire ses premiers mots.

ABC Apprendre à parler est un processus qui :

- commence très tôt dans la vie du bébé, en fait dès la naissance ;

- nécessite que l'enfant acquière des connaissances variées qui s'apprennent bien avant qu'il puisse produire ses premiers mots. Il se prépare progressivement par toutes sortes d'activités qu'il fait ou qu'on lui fait faire ;

- demande que l'enfant porte attention à ce qu'il entend et analyse le code que les gens utilisent : les sons, les significations, la manière d'interagir, etc. ;

- n'est pas parfait à la première tentative. L'enfant fait des essais, procède par tâtonnement avec les sons et les mots. Il expérimente en pensant avoir la bonne façon de dire les choses. Il produit parfois des phrases ou des mots en utilisant un ton interrogatif à la fin pour montrer qu'il n'est pas certain de sa production, il cherche alors une approbation ou une correction. C'est par cette validation que fait l'adulte que l'enfant peut avancer sur le chemin de la communication ;

- nécessite que l'enfant imite les gestes et les sons, et, dans les deux cas, qu'il répète le tout des dizaines de fois ;

- exige que l'enfant fasse appel à des explorations auprès des choses qui l'entourent, ce qui entraîne des erreurs de temps en temps ;

- nécessite la coordination des efforts de l'explorateur et ceux du guide : celui qui apprend et celui qui enseigne ;

- change à travers son évolution alors que l'explorateur et le guide s'adaptent mutuellement l'un à l'autre pour arriver à développer une complicité. Cette connivence leur permet de bénéficier grandement de ce que l'un et l'autre apportent comme implication.

Petit guide d'observation de mon explorateur

En tant que parents, il est généralement difficile d'observer son enfant d'une manière objective : certains le placent sur un piédestal, alors que d'autres le dépeignent de manière moins élogieuse en mettant l'accent sur ses défauts et ses difficultés. Ce manque d'impartialité peut nuire à la bonne compréhension de ses besoins et à son évolution. Pourtant, bien connaître son enfant permet de bien le comprendre, de saisir ses besoins et de lui assurer une meilleure évolution. À compter du moment où nous devenons parents, notre implication affective auprès de notre enfant et les exigences du quotidien nous empêchent d'y voir vraiment clair et parfois même de comprendre les impacts de tel ou tel événement sur notre enfant. Comparons cette situation aux premiers instants d'une nouvelle relation amoureuse : ne me dites pas que vous pouviez, dès les premières sorties, reconnaître les beaux côtés et les travers de la personne qui est devenue éventuellement votre partenaire de vie !

Pourquoi est-il si important d'apprendre à observer votre enfant?

- Pour mieux le connaître, puisque c'est votre enfant.

- Pour apprendre à quel stade de son développement il est rendu (vous le mesurez bien pour savoir quelle est sa grandeur!).

- Pour connaître ses forces et ses faiblesses, ce qui vous permettra d'utiliser les unes pour faire progresser les autres et vous aidera au quotidien dans vos échanges avec lui.

En prenant le temps de mieux connaître votre enfant, vous mettez les chances de votre côté pour développer une meilleure communication, dans le but de faire progresser soit le langage, soit la relation. Meilleure sera la communication, meilleure sera la compréhension de ses besoins, et moins fréquentes seront les frustrations mutuelles. De plus, il est important de commencer tôt à comprendre le développement de l'enfant si on désire l'accompagner et l'épauler le plus longtemps possible dans son évolution langagière puis, éventuellement, scolaire et sociale. Quel que soit l'âge du vôtre, il est possible d'apprendre de façon plus précise et réaliste à noter les caractéristiques de son langage et à estimer le niveau de son développement.

Observer en toute impartialité suppose qu'il faut prendre un peu de recul, se décoller le nez de la situation, ne pas porter de jugement, ni se sentir affecté par ce qu'on voit.

Observer notre propre enfant n'est pas une tâche facile, car elle comporte sa part de difficultés liées à nos émotions. Alors, pourquoi ne pas commencer par observer d'autres enfants de votre entourage?

Tous les jours, notre bébé ou notre enfant tente de nous communiquer des choses qui peuvent passer inaperçues à nos yeux. Pour plusieurs raisons compréhensibles et pleinement justifiées, lorsque nous sommes engagés dans une activité ou une occupation, nous sommes plus souvent préoccupés par le fait d'aller droit au but, sans prendre le temps de profiter de la présence de notre enfant. Voici ce qui survient pour la plupart d'entre nous:

- Nous sommes pris par une tâche que nous devons faire et nous ne laissons pas la chance à l'enfant de nous aider à sa façon, car nous pensons que le tout sera fait plus efficacement (ou plutôt, plus rapidement) si nous le faisons nous-mêmes. Dans notre quotidien, plusieurs situations peuvent être citées en exemple: notre enfant tente de s'habiller seul, de se laver seul, de manger seul, etc.

- Nous sommes préoccupés par d'autres pensées: «Qu'est-ce qu'on va manger pour souper...», «Il faut que je signe le bulletin du plus vieux», «Zut, j'ai oublié de rappeler ma belle-sœur pour le souper de dimanche!» et tout ce qui peut nous trotter dans la tête!

- Nous avons en tête un objectif qui n'est pas partagé par notre enfant: nous désirons qu'il s'habille alors que le chandail qu'on a choisi ne lui plaît pas. Il se retourne et décide de vider son tiroir pour nous montrer celui qu'il veut!

- Nous sommes pressés par le temps: vite, vite, toujours vite!

Puisque cela fait partie de la réalité que nous vivons tous, soulignons l'importance de reconnaître ce qui nous empêche de nous arrêter pour l'écouter vraiment et tentons de voir si nous pouvons y arriver à certains moments, ou encore donnons-nous des conditions gagnantes en choisissant les moments où nous sommes plus disponibles tous les deux pour procéder à une période d'observation.

Comment observer son enfant?

- Prendre le temps de s'arrêter pour regarder son enfant.
- Regarder son visage pour voir ses expressions.
- Regarder ce qui l'intéresse : que regarde-t-il? À quoi ou avec quoi joue-t-il?
- Le regarder pour voir ce qu'il tente de nous communiquer.

- Prendre le temps de s'arrêter pour écouter son enfant. Il se sent important, et cela développe son estime de soi.
- Ne pas l'interrompre en présumant qu'on a compris avant qu'il ait fini de parler.

- Prendre le temps, tout simplement.
- Lui laisser le tem ps de parler avant d'intervenir. Ne pas lui couper la parole ou parler à sa place, lui laisser du temps pour qu'il ait quelque chose à dire et qu'il entame l'échange. Lui présenter une activité, lui proposer de participer, et lui laisser du temps afin qu'il examine la situation et qu'il s'implique à sa façon.

Il est normal que nous ne soyons pas toujours dans des conditions gagnantes pour observer les réactions de nos enfants. Il nous est tous arrivé à certains moments de vivre des insuccès dans la communication avec eux. Certaines de ces situations, banales de prime abord, peuvent donner lieu à bien des malentendus, entraîner des frustrations, des grincements de dents, des larmes et dégénérer en colères et en crises. En tant qu'adultes, cela ne nous plaît guère de ne pas être compris des autres, que ce soit quand nous nous exprimons, d'une façon ou d'une autre, ou quand nous faisons valoir notre point de vue. L'enfant vit la même chose, à une différence près : puisqu'il ne possède pas encore tous les outils lui permettant de s'exprimer clairement ou de reformuler sa demande différemment, ses réactions à la frustration sont souvent moins bien contrôlées. De plus, il faut savoir que l'enfant est beaucoup plus centré sur ses besoins et qu'il est normal qu'il s'attende habituellement à ce que ces derniers soient comblés dès qu'il les exprime.

Voici quelques exemples de tentatives de communication, observées lors de situations quotidiennes. Demandez-vous comment vous y réagiriez.

Dans le bain. Pendant que vous lavez votre petit, il se penche vers l'avant et s'étire le bras.

Au cours de l'habillage. Vous essayez de lui enfiler son chandail, et il le repousse avec ses bras. Vous tentez de les baisser, et il secoue la tête.

En l'installant dans son siège d'auto. Il se tortille et se glisse comme pour sortir de son siège. Vous le replacez et il se glisse de nouveau.

À l'heure du repas. Il repousse votre main au moment où vous approchez la cuillère de sa bouche. Puis, il met sa main dans la purée de carottes et, du coup, il est tout sale, et le plancher aussi.

En lisant ces exemples, vous avez peut-être pensé que cet enfant n'est pas facile, qu'il ne collabore pas tellement. Peut-être même avez-vous senti l'impatience vous gagner, et vous n'êtes pas le seul! Ces exemples m'ont servi dans bien des formations, et chaque fois, ces commentaires revenaient. Mais bien entendu, vous vous attendez à ce que je dédramatise chaque situation, et vous avez bien raison. Avec les années, j'ai constaté que le fait de comprendre le besoin d'un enfant et d'y répondre:

- limitait les énormes frustrations de part et d'autre;
- entraînait une confiance mutuelle entre le parent et l'enfant;
- diminuait le risque d'inhiber le désir de communiquer de l'enfant;
- évitait le piège de la dispute et des conséquences qui s'y rattachent.

Reprenons donc chaque situation et voyons la réaction de la personne qui n'a pas compris l'enfant, puis découvrons le but bien maladroitement poursuivi par notre bambin...

Dans le bain. Pendant que vous lavez votre petit, il se penche vers l'avant et s'étire le bras.

☹ Vous le prenez par le corps et le repoussez en arrière en lui disant : « Attention, tu vas tomber ! »

☺ « J'ai vu cette petite brosse en forme de poisson et j'aimerais bien la prendre. »

☺ « Ah, tu veux avoir la petite brosse ! Tiens, prends-la, c'est un dauphin. Regarde (on lui montre comment s'en servir), le petit dauphin bleu va nettoyer tes ongles. »

Au cours de l'habillage. Vous essayez de lui enfiler son chandail, et il le repousse avec ses bras. Vous tentez de les baisser, et il secoue la tête.

☹ « Voyons donc, veux-tu bien mettre ton chandail. Non ! Ôte tes bras de là ! Allez, baisse tes bras, puis entre ta tête dans le trou. Arrête de pousser ! »

☺ « Je pense que je suis maintenant capable de mettre mon chandail tout seul. C'est correct que tu m'aides à le mettre sur ma tête, mais je veux faire le reste tout seul. Je vais essayer de trouver les trous pour entrer mes bras. »

☺ « Ah, mon petit homme veut mettre son chandail tout seul ! Attends, je vais replier tes manches. Comme ça. Voilà, prends-le et essaie de l'enfiler. »

En l'installant dans son siège d'auto. Il se tortille et se glisse comme pour sortir de son siège. Vous le replacez et il se glisse de nouveau.

☹ « Allez, assieds-toi. Non, arrête de glisser comme ça ! Arrête de faire le ver de terre ! Veux-tu bien arrêter de niaiser, on n'a pas toute la journée, il faut partir ! »

(◉) «Aïe! ma petite auto est sous mes fesses. Je ne veux pas m'asseoir dessus. Je veux la prendre dans mes mains.»

(☺) «Mais pourquoi glisses-tu comme ça? Il y a peut-être quelque chose qui te dérange. Attends, je te reprends dans mes bras et je regarde sur ton siège. Oups! ta petite voiture. La voilà, prends-la.»

À l'heure du repas. Il repousse votre main au moment où vous approchez la cuillère de sa bouche. Puis, il met sa main dans la purée de carottes et, du coup, il est tout sale, et le plancher aussi.

(☹) «Fais donc attention un peu! As-tu vu le dégât que tu viens de faire! C'est l'heure de manger, pas de jouer!»

(◉) «Je pense être capable de commencer à manger tout seul. J'aimerais bien essayer de prendre cette cuillère et voir si je réussis à la mettre moi-même dans ma bouche.»

(☺) «Ouais, t'as fait tout un dégât là! Est-ce que ça se peut que tu veuilles commencer à manger tout seul? Attends, je ramasse le dégât. Maintenant, on va prendre la cuillère à deux, puis on va voir si tu peux la mettre dans ta bouche. Oui, bravo! Maintenant, je te mets un peu de carottes dedans. Voilà, prends ta cuillère et essaye de manger.»

Donnons-nous donc une petite chance. Si nous prenons la peine d'être vraiment présents à des situations comme celles qui précèdent, nous avons de bonnes possibilités de découvrir ce que l'enfant veut et de trouver les mots nécessaires pour:

- lui démontrer que son effort de communication en vaut la peine;
- lui donner la meilleure façon d'exprimer son besoin;
- lui enseigner comment le dire avec des mots;
- reformuler son essai et lui redonner un bon modèle.

Bien que nous croyions rendre service à notre enfant, lui éviter de faire face à des embûches risque de provoquer l'effet contraire. Nous lui nuisons à long terme, car nous l'empêchons de faire des essais et des erreurs, ce qui est une excellente façon d'apprendre.

Si nous sommes toujours pressés, nous nous privons d'une foule de situations au cours desquelles nous pourrions observer et écouter notre enfant, occasions qui nous en apprendraient beaucoup sur lui, sur sa façon de communiquer. Si nous ne prenons pas le temps de nous arrêter pour échanger avec lui, comment pouvons-nous être sensibles aux signes non verbaux qu'il nous donne ? Comment voir dans ses yeux ses émotions : la joie, la crainte, les questionnements, etc. ?

Lorsque nous prenons toute la place dans la relation entre notre enfant et nous, et que nous sommes toujours là à le corriger, nous nous privons du plaisir de le voir grandir, évoluer et suivre des phases de développement qui lui sont propres. C'est souvent lui qui nous donne les indices, qui nous pousse dans le dos pour passer à une phase suivante.

Quels sont les éléments à observer chez le jeune enfant ?

- Comment démontre-t-il son intérêt aux adultes de son entourage ?
- Comment entre-t-il et reste-t-il en communication avec les adultes de son entourage ?
- Qu'est-ce qui l'amuse et comment joue-t-il ?
- Que comprend-il ?
- Comment s'exprime-t-il ?
- De quoi parle-t-il ?
- Pourquoi s'exprime-t-il ?

ABC Il importe avant tout de reconnaître les signaux de communication du bébé ou de l'enfant, et surtout de ne pas les négliger. C'est souvent au moment d'une activité que l'enfant fait un geste, un son, qu'il jette un regard qui nous indique un besoin, une demande. Et comme nous sommes souvent plus préoccupés par ce que nous sommes en train de faire, nous passons à côté de cette tentative de communication.

Quand le voyage se déroule bien : le développement normal

Si bébé vous parlait...

Bon ! Au terme d'un long voyage, je suis enfin arrivé chez nous, dans ma famille ! Vous, mes parents, semblez très heureux. Pendant que j'étais dans le ventre de maman, je sentais déjà que ça vous faisait plaisir : quand je bougeais, vous réagissiez avec joie. C'est un peu comme si je percevais les ondes à travers le ventre de ma maman. J'ai tellement envie de mieux vous connaître et de participer aux activités familiales.

Papa, maman, il y a tant à faire pour nous trois au cours de la première année ! Ces douze premiers mois sont primordiaux pour que nous apprenions à bien nous connaître, que nous développions une relation agréable, et que vous m'aidiez à m'intégrer au monde qui m'entoure. Vous ne le savez peut-être pas, mais à partir du moment où vous avez choisi de lire ce livre, vous avez contribué à me donner de meilleures chances d'avoir un bon départ dans la vie.

Chaque jour, je vais vous prouver que tout ce qui s'enregistre dans mon cerveau se transforme en un nouveau comportement. Je vous démontrerai que je sais faire ou comprendre un petit quelque chose de plus. De jour en jour, de semaine en semaine, je manifesterai un comportement jamais vu chez moi, un mouvement, une expression, des sons...

Au cours des prochaines années, je vais vous donner la chance d'en apprendre beaucoup sur moi et sur la façon de me faire progresser d'étape en étape. Je vais tenter de vous expliquer ce qui se passe au fur et à mesure que je grandis. Je vous présenterai au mieux, dans mes mots d'enfant, ce qui m'intéresse et ce que je découvre. J'ai demandé à mon auteure de vous aider à mieux me connaître, en vous expliquant comment me parler. Elle doit aussi vous donner des trucs et des suggestions d'activités à faire avec moi. Plusieurs diront que je ne suis pas venu au monde avec un livre d'instructions, mais je sais que mon auteure connaît pas mal les enfants et que finalement ce qu'elle dit devrait vous faciliter la tâche.

Il est entendu que vous serez parfois occupés, la vie se déroule tellement vite entre toutes vos occupations; mais mon auteure a eu l'idée de vous présenter des résumés à la fin de chaque phase. Vous pourrez facilement les reproduire, les afficher bien en vue, puis expérimenter les suggestions qui y sont données, quand nous sommes tous deux disponibles. Et pourquoi ne pas y inscrire également quelques notes sur mon développement personnel, les phases que je traverse, mes beaux mots d'enfant et ce que vous trouvez de mignon dans mes apprentissages? Ça me fera de beaux souvenirs que vous me transmettrez plus tard!

Je ne sais pas si vous êtes au courant, mais laissez-moi préciser que mon cerveau est déjà bien constitué, il ne demande qu'à être stimulé et mis au point en quelque sorte par tout ce que vous m'apporterez; chaque situation que je vivrai, chaque information que l'on me fournira ou que je découvrirai par moi-même et toutes les expériences dans lesquelles je m'aventurerai s'enregistreront dans mon cerveau au même titre que dans un ordinateur. C'est pourquoi il est très important que vous soyez souvent près de moi, que vous preniez du temps avec moi pour me regarder faire, et pas uniquement pour me donner des soins. Je sais très bien que je vous occupe, que je remplis une partie importante de votre horaire et, surtout, que je vous empêche de dormir parfois (ou trop souvent !). Vous êtes quelquefois fatigués, mais je vais bientôt connaître les habitudes à suivre et je peux vous assurer que des changements surviendront dans peu de temps.

Je dois juste vous mettre en garde contre les qu'en-dira-t-on et les commentaires des autres adultes autour de nous. J'ai entendu dire que certains d'entre eux sont très compétitifs et qu'ils comparent toujours leurs bébés à ceux des autres. N'oubliez jamais que je suis unique et, par le fait même, différent de tous les bébés que vous rencontrerez. Comme dans n'importe quel apprentissage, j'ai certains talents, et ce n'est pas nécessairement dramatique si je ne respecte pas toujours les délais que l'on décrit dans ce livre. Il arrive parfois que je commence à faire quelque chose un peu plus tard que les autres. Ce qui est primordial cependant, c'est que des changements apparaissent progressivement et que mois après mois, surtout au cours de la première année, vous observiez que je me développe, que je change, que je fais la plupart des choses que mon auteure mentionne. Autrement, vous aurez raison d'en parler avec les membres de l'équipe médicale que vous m'amènerez visiter régulièrement. Ne soyez pas inquiets, ils ne sont pas là pour vous juger mais pour vous aider, et il suffit parfois d'un petit coup de pouce pour régler la situation. Ma première année est tellement importante, les développements qui se produisent à ce moment sont comparables aux fondations d'une maison : si la charpente n'est pas solide, ce qui s'y superpose risque de ne pas bien tenir. C'est pareil pour moi : il faut que mes premiers apprentissages de la communication soient ancrés solidement pour que les suivants s'y accrochent facilement. Ainsi, je vous invite à trouver quelqu'un avec qui parler dès que vous avez quelque inquiétude que ce soit. Jetez un coup d'œil aux références à la fin de ce livre pour trouver des suggestions.

Cette année, aidez-moi à construire une charpente solide à mon bâti-ment de la communication pour que j'en vienne plus tard à parler plus facilement. Vous serez sans doute étonnés que je vous suggère des acti-vités pour me stimuler dès ma naissance, mais même si je ne parle pas encore : cette première année est essentielle pour que j'acquière plein d'éléments liés à la communication.

L'explorateur entre o et 12 mois

Les premiers jours de ma vie

Dès les premiers jours de ma vie, j'étais prêt à commencer mon apprentissage de la communication. Étonnant, n'est-ce pas ? Il faut bien dire que, pendant les mois précédents, je me suis préparé à arriver parmi vous avec tout un bagage. Dix-huit semaines seulement après ma conception, mes cellules nerveuses étaient créées. Permettez-moi de comparer ces dernières aux puces d'un ordinateur : à partir de main-tenant, il restera à faire des connexions entre elles pour que je puisse réellement bien parler dans le but de communiquer avec les autres. En plus de ces cellules, mon bagage comprend aussi de la curiosité et de l'intérêt pour explorer mon environnement. Je compte donc sur vous pour me fournir ce dont j'ai besoin pour y parvenir. De plus, de-puis la vingt-cinquième semaine, mes organes auditifs sont constitués, et à la trente-cinquième semaine, j'entendais déjà presque comme vous. C'est donc dire que ça fait quelque temps que je vous entends, et j'avais bien hâte de mettre un visage sur ces voix !

Je vais commencer à vous montrer ce que je peux faire pour que vous me compreniez. Vous avez entendu mes pleurs ? Ils sont utiles, n'est-ce pas ? Au début, je ne savais pas à quoi cela servait. Ce sont des sons que j'ai faits instinctivement au moment où j'éprouvais des in-conforts et des besoins ; mais j'ai noté qu'à ce moment vous arriviez et que vous tentiez de trouver une solution pour que je sois à mon aise. En ce sens, j'ai vite compris que je pouvais compter sur vous. Par le fait même, j'ai aussi fait le lien et j'ai trouvé ce qui fonctionnait pour vous appeler. Ainsi, quand je pleure ou que je crie, cela me permet de vous faire réaliser que je désire être propre, nourri et cajolé. Certes, vous devez y répondre assez rapidement, mais au début vous aviez parfois du mal à démêler mon langage. Je n'ai pas l'intention d'être désagréable, je ne fais que réagir à mes besoins. On ne peut pas dire que c'est pour moi un vrai moyen de communiquer. Vous avez peut-être l'impression de jouer aux devinettes, mais bientôt vous verrez que ça deviendra de plus en plus clair pour vous. Je ne vous demande pas de comprendre et de démêler la signification de chacun de mes pleurs ou de mes cris, mais tout simplement de vous occuper de moi : je veux juste me sentir en sécurité, savoir que vous êtes là pour moi.

Qu'est-ce que je demande de plus ? Dès que possible, fournissez-moi un environnement qui me permettra de développer tous mes sens et de mieux connaître le monde qui m'entoure. Vous savez, tout est nouveau pour moi. Si nouveau, en fait, que je me demande souvent comment les choses s'appellent. Bien sûr, j'ai en moi cet ordinateur (vous appelez cela le «cerveau») qui sait un peu quoi regarder ou écouter, comment bouger, mais il faut le stimuler chaque jour pour qu'il fonctionne de mieux en mieux. Vous serez d'une aide précieuse si vous me souriez, me parlez, me chantez des chansons et si vous prenez régulièrement le temps de me faire visiter les diverses pièces de la maison. Ah, n'oubliez pas ! Comme vous, j'ai besoin de silence et de solitude de temps en temps. Lors de ces périodes, je me permets de faire de petites découvertes personnelles, de réfléchir, de regarder tranquillement la vie autour. C'est si nouveau, tout cela !

Soyez assurés que je ne tarderai pas à reconnaître votre voix. Je sais aussi faire la différence entre les situations où vous parlez entre vous et celles où vous vous adressez à moi. C'est une chose facile pour moi, car votre voix devient alors différente. Je ne voudrais offusquer personne, mais c'est celle de ma maman que je trouve la plus belle...

Vous pensez peut-être que je ne suis pas très bavard, mais si vous écoutez bien, je fais quand même quelques sons. Outre mon cri primal, je sais aussi pleurer (ah oui, ça, vous le saviez...). Ça ne devrait pas tarder à se mettre en marche, et je vous préviens que quand ça va démarrer, les phases se succéderont à vive allure. Vous ne pourrez plus m'arrêter !

Par contre, je ne vous vois pas encore très bien ; c'est vraiment plus facile si vous vous approchez de moi, car ma vision n'est bonne qu'autour de 20 centimètres. Attention ! Vous êtes trop proches : l'image est tout embrouillée !

Si vous avez quelques minutes, observez-moi bien, vous verrez que je suis très curieux de découvrir mes bras, mes mains et mes doigts. Je bouge un peu, mais je ne réussis pas encore à coordonner mes mouvements ; je suis pris avec plusieurs réflexes, mais ce n'est pas inquiétant parce qu'ils disparaîtront peu à peu pour me donner la chance de faire ce que je désire.

Un mot de la part du guide...

☺ Enfin, te voilà parmi nous, bel enfant ! Nous étions si heureux de voir ta frimousse, ta mère et moi. Bon, convenons que nous avons vécu des heures de dur labeur – enfin, ta mère surtout –, mais nous n'en demeurons pas moins enchantés. Nous avions préparé ta venue avec soin : cours prénatals, organisation d'un coin pour tes petits dodos, achat d'accessoires et de vêtements, sans compter les visites chez le médecin et toutes les discussions que nous avons eues entre amis et parents pour nous assurer de bien nous préparer et, surtout, nous rassurer ! Ça aurait dû suffire. Mais voilà, depuis que tu es là, nous nous sentons parfois démunis, hésitants.

Je me rends compte que je suis devenu parent. Tu me trouveras peut-être bête de penser ainsi, mais je n'avais pas réalisé tout ce que cela changerait en moi. Je ressens des sentiments très variés à la pensée de l'engagement que je viens de prendre : vais-je être à la hauteur ? Vais-je pouvoir t'apporter tout ce dont tu auras besoin pour devenir un adulte accompli ? Par rapport à ton petit être, j'ai constaté, dès les premiers jours de ta venue au monde, que j'avais une multitude de questions qui surgissaient dans mon esprit : as-tu assez chaud ? Bois-tu assez ? Est-ce que je saurai toujours répondre à tes pleurs de la bonne façon ? Et tant d'autres encore... Cependant, j'ai été heureux d'apprendre que pour toutes les questions que je me pose, il existe des ressources disponibles pour m'aider à y répondre : centres de ressources communautaires, sites Internet de partage, blogues, livres, regroupements de parents. Ma famille et mes amis aussi comptent pour beaucoup. Je n'hésiterai pas à aller chercher l'aide nécessaire si des besoins apparaissent.

D'autres interrogations me viennent en tête : comment allons-nous faire pour nous comprendre alors que tu ne parles pas encore ? Et comment vas-tu apprendre ? Est-ce que tu es équipé pour le faire tout seul, ou as-tu besoin de notre aide ? Est-ce que c'est en écoutant la télévision ou la radio que tu sauras comment faire, ou bien devrons-nous compter sur l'aide des services de garde ou de l'école ? Il me semble que c'est quelque chose de tout à fait naturel, mais j'ai hâte de savoir.

Nous avons une grande responsabilité, ta mère et moi : celle de te procurer un sentiment de sécurité. Je sais que tu as besoin qu'on réponde à tes cris et à tes pleurs, mais ils sont loin d'être toujours faciles à déchiffrer. Pour le moment, je ne pense pas me tromper en allant te voir chaque fois que tu pleures. Selon moi, c'est la seule façon de te démontrer que je suis là, que tu n'es pas seul avec tes problèmes de bébé, et que je te veux du bien. Même si je me sens un peu insignifiant par moments, je pense malgré tout que c'est la meilleure façon de faire.

Je sais qu'il s'opère en toi des changements lorsque tu t'éveilles. Tu sembles paisible, mais j'ai appris que tu découvrais le monde peu à peu. Je me rappelle qu'on m'a dit que c'est un excellent moment pour développer notre relation, alors je te parle, ou bien je te fredonne une chanson douce tout en te berçant. Tu as l'air d'apprécier... Si tu étais un chat, je pense que je t'entendrais parfois ronronner. Malgré tout, j'ai remarqué une petite différence quand c'est ta maman qui s'adresse à toi : tu sembles plus à ton aise, plus vite apaisé. C'est vrai que tu l'as souvent entendue parler au cours des derniers mois : dans son ventre, à 6 mois déjà, ton audition était suffisamment formée pour pouvoir écouter sa voix. Je n'en reviens pas que des chercheurs se soient arrêtés à étudier le comportement des bébés aussi tôt que les premiers jours de la vie. Imagine qu'ils ont découvert que dès ta naissance, tu serais déjà intéressé par la voix de ta mère, celle que tu as le plus entendue pendant que tu «campais» dans son ventre, et que tu préférerais écouter celle-là plus que toute autre. Ils ont aussi remarqué que tu réagissais aussi à son odeur et que tu étais sensible aux visages humains plus qu'à toute autre figure. C'est donc dire combien maman peut réussir à te calmer si elle s'approche de toi : c'est toujours plus rassurant d'être en présence d'une personne connue.

Mais malgré ces recherches, il n'y a pas de raison de croire que tu ne seras pas intéressé par moi. Je vais tenter d'adapter ma voix pour retenir ton attention et, surtout, ne pas te faire sursauter. Il me semble que déjà je réussis à te captiver en te regardant de près, mais pas trop, car il me semble que tu louches, alors ! Je m'entraîne à t'observer et je remarque que ton regard fixe souvent ma bouche, mais aussi mes yeux. J'en suis heureux, car je pense que c'est une bonne habitude qui facilitera la communication entre nous et, éventuellement, avec les autres personnes que tu rencontreras : c'est en regardant l'autre qu'on recueille des indices supplémentaires qui nous permettent souvent de mieux comprendre son message.

Ta mère et les visiteurs se moquent gentiment de moi : ils disent que je te parle en bébé. Mais s'ils savaient qu'ils font exactement la même chose que moi et qu'en plus tu aimes ça, ils cesseraient leurs moqueries. C'est bien entendu que je te parle moins fort, moins vite et, entre nous, un petit peu plus aigu : ma grosse voix grave ne soulèverait guère ton intérêt et risquerait de te faire peur. J'emploie aussi des petits mots doux – «mon petit loup», «mon trésor» – et j'ai alors l'impression de mieux capter ton intérêt. J'irais jusqu'à dire que ça améliore ton écoute et l'attention que tu me portes. Il est donc certain que tu en profites, que tu te sens compris, et que je t'aide à découvrir en quoi consiste la communication. Bon, c'est vrai que je prends parfois des mots «bébé», mais c'est sûr que je vais changer cette habitude un peu plus tard, si je veux que tu apprennes le bon vocabulaire. Pour le moment, laisse-moi m'entraîner un peu.

Parlant d'entraînement, je constate que tu bouges un peu plus de jour en jour, mais que ces mouvements ne sont pas volontaires, tu ne les contrôles pas. J'ai un peu lu sur ces réflexes, car au départ, j'avais peur que tu sois un bébé nerveux. Ce qui m'inquiétait le plus, c'est quand tu sursautais à cause de bruits forts ou quand on te déplaçait un peu rapidement. Les informations que j'ai trouvées m'ont rassuré, car elles m'ont appris que tu étais dans un période où les réflexes sont prédominants. Par contre, je sais que d'autres réflexes sont normaux et ne font qu'assurer ton bien-être : pour aller vers le sein, tu tournes la tête ; si ta mère caresse ta joue ou ton bras, tu te mets encore à téter et, surtout, tu tètes dès que tu arrives sur le mamelon. C'est amusant de te voir agiter les pieds quand je te soulève sous les bras : on dirait que tu as besoin de sentir le sol sous tes pieds. Rien ne me sert de le faire à répétition, car tu ne marcheras pas plus vite. Il paraît même que le mois prochain, ce réflexe sera disparu.

J'ai 4 semaines

(☺) Déjà je parviens à mieux vous voir. Comme vous avez de grands yeux, maman et papa ! Avez-vous remarqué que lorsque vous me regardez, je vous fixe intensément dans les yeux. Ce contact est important pour que je finisse par reconnaître toutes les personnes de mon entourage et, surtout, celles qui sont devenues mes préférées : vous deux, bien sûr ! Si vous vous déplacez lentement, je vais tenter de suivre votre regard. Ce n'est pas une tâche facile pour moi, mais je veux m'entraîner pour éventuellement suivre vos déplacements et, plus tard, votre regard, histoire de voir de quoi vous me parlez quand vous m'indiquez quelque chose autour de nous.

À vous, surtout, j'offre ma plus belle voix. Je commence à produire quelques sons qui vous intéressent, mais je continue à m'exprimer surtout en pleurant et en criant. C'est pour vous signaler que j'ai faim, que je suis mouillé ou que je désire être dans vos bras. Je trouve rassurant que vous commenciez à reconnaître mes signaux avec plus de constance. Au départ, j'avais l'impression que nous ne nous comprenions pas toujours, mes pleurs, les mimiques que je faisais, les mouvements que j'employais pour me faire comprendre ne donnaient pas toujours les résultats que j'espérais. Mais maintenant, nous commençons à être sur la même longueur d'onde! Je me sens en confiance avec vous, je sais que vous faites tout votre possible pour me comprendre.

Mais qu'est-ce que je viens donc de faire pour susciter une telle réaction? Vous êtes drôles quand vous me regardez avec cet air émerveillé. Ça fait quelques fois que je le remarque. L'autre jour, c'était juste après mon changement de couche (ouf! il était temps). Je regardais les mouvements que faisaient les rideaux sur le mur, et je vous ai vus... Ah! c'est sans doute parce que ma bouche a esquissé un sourire. Bon, je vois ce que cela provoque chez vous. Pas de doute que je vais tenter d'apprendre ce mouvement et de le refaire volontairement lorsque vous vous approcherez de moi...

Je ne suis pas trop petit pour commencer à faire des jeux: si vous me regardez bien, je peux imiter des mouvements simples, comme ouvrir la bouche ou tirer la langue.

☺ J'ai remarqué que tu aimes bien te faire prendre et j'en profite aussi un peu, car je sais que ça passera. Je n'ai pas peur de te gâter, je sais que tu dors quand même beaucoup et qu'à certains moments tu es aussi capable de demeurer dans ton petit lit pour explorer. Je commence à prendre connaissance de ton langage et j'apprécie particulièrement les moments où tu sembles imiter nos mimiques. Pour réussir à faire toutes ces observations, je prends le temps de te regarder et de voir ce que tu fais de différent quand tu t'exprimes. Il me semble qu'à force d'entraînement je perçois mieux tes besoins et que je parviens à les combler. Ce n'est pas toujours facile de se sentir à l'aise là-dedans, il y a des jours où j'ai l'impression que je n'y arriverai jamais! Ça prend de la persévérance, du temps et, surtout, de l'attention. C'est certain que je n'ai pas toujours le temps de m'arrêter complètement à cause d'autres activités, mais je fais mes observations dans les moments où je te donne des soins. J'ai été surpris de constater combien de fois cela se produit chaque jour : pendant les boires, les changements de couche, le bain, l'habillage, au moment du coucher, pendant les déplacements, quand nous recevons des visiteurs ou que nous attendons chez le médecin, et j'en passe. Finalement, puisque tu m'occupes autant, j'en profite pour que ces circonstances nous servent de lien afin de créer notre intimité. Je remarque que maintenant tu essaies de participer aux échanges.

C'est nouveau, mais il me semble que je te vois esquisser un petit sourire. Tu regardais les rideaux en mouvement et le reflet du soleil... Mais revenons à ton sourire. En fait, j'ai plutôt l'impression que c'est une espèce de réflexe, mais tant pis, que ce soit un vrai ou non, je te trouve mignon, ça me fait craquer et j'ai encore plus le goût d'être avec toi. Et si c'était ça, ton but, mon petit coquin ! C'est certain que tu vas vite comprendre les moyens de me garder plus longtemps auprès de toi.

J'ai 2 mois

(◉) Je dors un peu moins qu'avant. Je bouge un peu plus et je commence à faire certains exercices avec mes mains, ma tête et mes yeux. Ne me quittez pas du regard, car comme je ne contrôle pas encore mes mouvements, je pourrais me blesser.

Je m'entraîne aussi à faire quelques sons et j'aime ça quand vous me répondez en chœur. Bon, tout n'est pas parfait. C'est vrai que je crie encore pour vous faire comprendre que je ne suis pas à mon aise, mais notez que je me reprends bien en vous faisant de beaux gazouillis quand je me sens mieux. Je vous réserve aussi de belles surprises. Quand vous me changez ou me lavez, profitez-en pour répondre à mes sons en utilisant le même langage, je tenterai de vous répondre à mon tour. Bien sûr, ne m'interrompez pas. Faisons tous deux un semblant de conversation, et vous verrez combien je m'améliorerai au cours des prochains mois en vous imitant moi aussi !

C'est donc bien beau ce que vous avez installé au-dessus de mon lit! J'adore toutes ces formes variées, ces contrastes de couleurs, ces formes et ces courbes! C'est très joli, mais quand vous placez votre visage près de moi, j'éprouve autant de plaisir, car vos formes sont vraiment attirantes: ce nez qui dépasse entre deux formes rondes, et ces petites billes qui bougent aussi... vos yeux; et tout à coup, du blanc qui apparaît... vos dents. Quand vous déplacez votre visage lentement, de haut en bas, mes yeux vous suivent. C'est un bon entraînement pour ma vision, mais aussi vous êtes si importants pour moi. Si je n'avais pas besoin de vous pour des tas de choses, je pourrais vous suspendre au-dessus de mon lit et je serais occupé pendant des heures à vous examiner...

☺ Les nuits commencent à être plus longues pour nous, les parents, et tu restes plus longtemps éveillé dans la journée. J'en suis heureux, car ça nous permet d'être moins fatigués et d'être plus disponibles pour toi. Je réalise que nous apprenons chaque jour à nous connaître un peu plus. Tu me regardes tellement quand je suis près de toi, et tu me fais de beaux sourires.

J'ai expérimenté un nouveau jeu qui, pour le moment, semble n'être partagé que par nous deux. J'ai essayé de faire comme je l'avais lu dans un livre: à plusieurs reprises, j'ai imité tes nouveaux sons, et j'ai attendu quelques secondes. Et puis, récemment, tu m'as surpris en me «répondant». Après coup, je me suis mis à accorder plus d'attention aux moments où tu t'entraînais à faire des sons, et j'ai noté que tu en faisais plus lorsque j'étais proche de toi que dans les moments où je te laissais seul dans une autre pièce. Ce n'est pas encore une vraie conversation, mais je sens que c'est tout de même un début. Quand tu n'es pas occupé à faire des sons, tu peux passer un bon moment à porter à ta bouche ce que tu saisis – poing, pied, etc. – et tu fais de drôles de mouvements avec ta langue; tu joues avec ta salive et tu t'amuses à faire des bulles. Ça a l'air bien divertissant!

Tous les jours, je te consacre un petit moment un peu plus physique, car j'ai remarqué que tu aimes beaucoup qu'on joue avec tes mains, qu'on te fasse pédaler, qu'on fasse semblant de vouloir manger ton ventre. Je sens, à tes réactions, que tu aimes aussi beaucoup quand je te caresse et que je te bécote. Tu sembles aussi faire des exercices pour renforcer tes muscles par toi-même : quand tu étais à plat ventre, je t'ai vu te mettre sur tes avant-bras et pousser en soulevant la tête d'à peine quelques centimètres.

Tes intérêts portent aussi sur les objets en mouvement. J'aime de temps en temps faire de petites expériences, et lorsque je déplace un biberon devant tes yeux, je remarque que tu le suis du regard. Continue, mon petit, car bientôt tu pourras regarder toutes les choses que je veux te montrer ; comme tu te seras entraîné à porter attention aux objets, ce sera plus facile pour toi d'apprendre le nom des choses, car tu associeras ce que tu entends à ce que tu vois.

Nous venons de te présenter à ton petit cousin, et tu semblais tellement excité à sa vue ! J'imagine que c'est son visage et ses expressions nouvelles, différentes de celles des adultes que tu côtoies tous les jours, qui t'ont fasciné.

J'ai 3 mois

⊚ Bon, ça suffit de regarder tout ce qu'il y a autour de moi et de ne pas pouvoir l'atteindre ! Maintenant que j'ai 3 mois, je suis content que mes mains aient enfin décidé de se coordonner pour que je parvienne à attraper ce qui est près de moi. Gare à vos bijoux, à vos longs cheveux et à vos lunettes : maintenant, je regarde, je vise et j'agrippe solidement ! Ne me disputez pas, car mes mains se ferment solidement mais n'obéissent pas encore à la commande de relâcher. Je vous aurai avertis !

J'aime bien cette vision différente que je peux avoir maintenant en levant ma tête de plusieurs degrés quand je m'appuie sur mes avant-bras.

Bravo, c'est le repas ! Avez-vous noté mon impatience quand le sein ou le biberon arrive ? Même si maman se déplace, je peux commencer à la suivre des yeux, à reconnaître ce qu'elle vient faire, et ça m'excite. Ça doit être comme ça pour vous, quand on met votre assiette sur la table. Il y a des signes qui ne trompent pas : je vais manger et j'aime ça. Ça doit être pour cela que je réagis quand vous me dites : « Elle est où, maman ? » Je sens mon corps s'agiter, car c'est la seule façon que j'ai de vous démontrer que je vous comprends.

Il n'y a pas que la nourriture qui m'intéresse : je commence à m'habituer aux sons de vos pas, à votre voix, aux bruits de la maison, etc. Avez-vous noté que, depuis le mois dernier, je me suis découvert un nouveau jeu : quand je suis seul, je me concentre sur les bruits de ma salive et de ma bouche. J'adore faire des bulles, car je sais maintenant comment y arriver et la sensation est très amusante. Je deviens sérieux quand vous êtes près de moi et que vous me parlez. Je vous écoute attentivement : j'ai tout intérêt à m'y mettre pour pouvoir m'exprimer comme vous plus tard.

J'apprécie que vous portiez attention à moi chaque jour : je me sens en sécurité et c'est la meilleure chose qui pouvait m'arriver pour m'aider à me développer. Je ne comprends pas encore vos mots, mais j'aime entendre votre voix et encore plus lorsque vous chantonnez pour moi. Tout ce que vous faites alors est rassurant, mais sans vouloir offusquer personne, c'est toujours la voix de maman qui me calme le plus...

☺ Pendant les moments où tu es éveillé, j'essaie de te garder dans la même pièce que moi. En t'installant sur une couverture ou sous ton gym d'exercice, je peux t'observer en train de découvrir tes mains, tes pieds, de gigoter par-ci par-là, de basculer de chaque côté sans réussir à te tourner, et je m'arrête parfois pour écouter les merveilleux petits sons que tu produis. Je pense que tu aimes demeurer en compagnie des membres de la famille. Je te déplace de temps en temps pour que tu puisses prendre contact avec divers endroits de la pièce. Tu as l'air heureux, jusqu'au moment où tu commences à rouspéter. C'est un signe qu'il faut te ramener dans tes appartements !

Comme je suis un peu moins fatigué et mieux organisé, j'ai un peu plus d'énergie pour t'amener prendre l'air tous les jours. Pas très longtemps, mais au moins je tente d'en faire une habitude. Dans ta poussette, dans ton traîneau ou dans le porte-bébé que l'on m'a prêté, tu sors avec moi. Ça me fait du bien : je fais un peu d'exercice, je me change les idées, et je commence aussi à trouver les endroits que j'ai envie de te faire découvrir dans le quartier.

J'ai remarqué que tu t'intéresses de plus en plus à ce qu'on te présente : quand ta nourriture arrive ou lorsque je te donne des objets que tu peux saisir avec tes mains. Pour la première fois, tu as tenu le hochet que j'y avais placé pendant presque une minute ; j'avais l'impression d'assister à une compétition et que tu étais un athlète soulevant un haltère ! J'ai presque applaudi ! Comme tu sembles avoir plus d'intérêt en général, je profite parfois de ces moments pour m'approcher lentement de toi et te parler en même temps ; je te regarde attentivement et j'imite les sons que tu produis, car je sais très bien que tu m'accordes alors toute ton attention. Je ne pense pas rêver : il me semble que parfois nous avons des semblants de conversations quand nous sommes près l'un de l'autre. J'attends que tu fasses une pause dans tes gazouillis, puis je les imite, en laissant ensuite du temps pour que tu enregistres ce qui vient de se passer. Si je suis assez patient, on dirait que tu tentes de les reproduire à ton tour. Je vais continuer de le faire pour voir si c'est vrai ou pas. Par ailleurs, j'ai remarqué que tu gazouilles davantage quand tu es en position couchée, sur le dos ; ta langue fait alors un drôle de mouvement sur ton palais et c'est à ce moment que ton entraînement commence. Je n'en reviens pas de voir que déjà on peut «parler» ensemble ! Je me sens comme dans une conversation où chacun intervient à tour de rôle. C'est un moment merveilleux que nous vivons !

J'ai 4 mois

Voilà que je suis maintenant capable de lever un peu la tête et d'attraper mes pieds. Ça, c'est vraiment amusant ! Quand je découvre que je peux faire quelque chose de nouveau, je le répète maintes et maintes fois, jusqu'à ce que je maîtrise bien le mouvement, ça me prépare à faire d'autres exercices plus compliqués. Je dispose encore de quelques mois pour réussir à ramper, puis à me lever pour marcher.

Autant en profiter pour développer mes muscles de plus en plus afin d'être assez fort pour y parvenir.

Ma bouche aussi m'intrigue : les objets que j'y mets n'ont pas tous le même goût ni la même texture. Certains la chatouillent, alors que d'autres sont plus rugueux, et j'aime moins ça. Laissez-moi faire ces explorations et ne vous inquiétez pas trop des microbes : j'ai besoin de découvrir, de faire des expériences. Après tout, c'est bien en explorant qu'on se développe...

De plus, toutes sortes de sensations apparaissent dans ma bouche. Lorsque vous me posez sur le dos, c'est drôlement amusant de sentir ce que ma langue fait ! J'ai écouté les sons que je produisais et je vous ai entendus dire que vous aviez l'impression que je roucoulais. C'est vraiment amusant que nous soyons face à face parfois dans ces situations, parce qu'en plus je vous vois sourire à mes nouveaux sons et j'observe votre bouche qui essaie de faire les mêmes. Heureusement que je suis là pour vous les enseigner !

Le mois dernier, vous avez commencé à m'amener avec vous dans les pièces de la maison où vous alliez. C'était merveilleux, car ça m'a permis de découvrir ma maison, de vous voir en train de préparer les repas ou de faire la lessive ; mais n'oubliez pas de me laisser aussi du temps seul dans mon lit. Ne vous précipitez pas dans ma chambre dès que vous m'entendez me réveiller : j'ai besoin de moments de solitude pour faire mes vocalises. J'aime répéter des sons déjà connus, ou en essayer de nouveaux. Et puis, j'aime m'écouter et prendre contact avec les sensations qui apparaissent dans ma bouche.

☺ Il n'y a pas de doute possible : tu commences vraiment à rire. Chaque fois que nous passons devant un miroir, j'essaie de m'y arrêter un peu et de faire en sorte que tu puisses t'y voir. Je pensais d'abord que tu réagissais au fait de me voir en même temps en face de toi et dans le miroir, comme si tu avais deux papas. Mais de la façon dont tu t'es regardé, je serais plus enclin à penser que tu t'es reconnu : tu te trouves drôle, n'est-ce pas ? Je n'en reviens pas de t'entendre rire avec autant de cœur. Tu ouvres toute grande la bouche et tu ris. C'est merveilleux! Je ne croyais pas que ça pouvait être un comportement dont je ne me lasserais pas. J'adore quand tu souris et je cherche à faire des gestes qui vont susciter de plus en plus cette réaction.

Nous avons davantage de conversations. Bon, ce ne sont pas des mots ou des phrases que nous échangeons, mais plutôt des sons et des regards. Disons que nous prenons le temps de gazouiller ensemble... C'est l'autre jour, quand j'ai eu l'idée de répéter les sons que tu venais de faire, que j'ai remarqué que tu avais poursuivi à ton tour. Alors, quand tu t'es arrêté, j'ai de nouveau imité tes sons. Puis lorsque j'ai terminé, tu as continué. Nous avons fait ce jeu à quelques reprises, puis le tout s'est arrêté. C'était notre première «conversation». Les autres se moquent gentiment de moi quand je leur dis que nous conversons, mais c'est du sérieux! C'est prouvé scientifiquement que ces moments-là sont précieux et qu'ils créent vraiment un lien important entre nous deux. De plus, ils te permettent d'apprendre à donner de l'attention à un autre qu'à toi, et à moi, à t'observer et à développer de la patience en suivant les petites phases que tu traverses.

J'ai 5 mois

Je fais de plus en plus de sons et ça me fait encore tout drôle dans la bouche. En plus, je sens que ça vous fait plaisir. Je trouve que la façon que vous avez de me regarder répéter mes sons est amusante, ça me donne toujours le goût de continuer. Il me semble cependant que je ne fais plus les mêmes qu'au cours des mois passés. C'est comme si tout à coup ma bouche, ma langue et ma gorge se mettaient tous de la partie. Vous allez devoir m'excuser, mais j'ai parfois le volume mal réglé. Ne soyez pas surpris si mes sons enterrent votre conversation; au fur à et mesure de mes entraînements, je pourrai ajuster le tout. Eh là! C'est bien mon nom que je viens d'entendre? Comme je suis maintenant capable de tourner la tête, je peux enfin regarder dans votre direction quand vous vous adressez à moi et que nous sommes dans la même pièce. Votre voix m'est de plus en plus familière. D'ailleurs, c'est important que vous me parliez doucement quand je suis triste : ça me rassure et ça me calme. Rien de tel pour me consoler que votre voix et vos bras!

Avez-vous remarqué que je parviens avec plus de facilité à suivre la direction de votre regard? Et que je fais tout mon possible pour tenter de comprendre de quoi vous me parlez? D'ailleurs, l'autre jour, ça m'a permis de comprendre enfin ce que vous entendiez par le mot «girafe». Vous regardiez l'objet en question, qui était sur la tablette, et j'ai suivi la route imaginaire que faisait votre regard. Du même coup, j'ai appris qu'elle avait un long cou et des taches; c'est vous qui l'avez dit pendant que je l'examinais. Pour l'instant, je classe le tout dans mon coffre à connaissances, dans un des tiroirs préparés à cet effet. Je vous assure que je vais vous ressortir ce mot-là un de ces jours! Continuez à me parler de ce qu'il y a autour de nous, car à partir de maintenant, je vais essayer de suivre vos yeux et tenter de trouver l'objet que vous identifiez par un mot.

Je suis très heureux de pouvoir commencer à m'asseoir dans une petite chaise. Je vous donne ainsi une raison de plus de me faire assister aux activités quotidiennes. Pas toute la journée, car j'ai besoin de repos et d'être laissé seul pour dormir. Mais au moment où je suis éveillé, j'en profite pour continuer mes explorations personnelles. Je vois le monde autour de moi sous un angle différent.

☺ Tu bouges pas mal, je te trouve même assez aventurier. Il me semble que je dois avoir des yeux tout autour de la tête, car si je te laisse un moment, tu roules sur toi-même et tu essaies de te déplacer. Plus jamais je ne te laisse sans surveillance sur un meuble quelconque: j'ai bien trop peur que tu tombes!

Tu t'exprimes de plus en plus. J'ai entendu des sons variés: des ahhh!, des ihhh!, des ehhh! J'aime bien attendre dans mon lit avant d'aller te chercher dans ta chambre pour me régaler de la musique de ton gazouillis. Quand j'entre dans la pièce, je remarque que tu cesses de faire tes sons. Timidité ou besoin d'intimité? Je ne sais pas, mais au moins je tente de te laisser t'entraîner seul en ne me précipitant pas auprès de toi dès ton premier son. D'ailleurs, je dois te confier que cette musique est douce à mes oreilles et que j'en profite pour me faire ce plaisir de t'écouter gazouiller.

Je trouve cela fabuleux que récemment tu aies commencé à porter attention à ce que je regarde. Je n'ai pas encore l'habitude, mais j'essaie de te décrire ce qu'il y a dans notre petit monde. Avant, j'avais parfois l'impression de parler seul, mais ces derniers temps, il me semble que ton intérêt me stimule à t'en dire encore plus. Je commence aussi à attirer ton attention par le mot « regarde », ce qui me semble fonctionner de plus en plus. Tu suis mon regard et tes yeux sont tout à coup attirés par cet objet que je veux te montrer. C'est tout un nouveau pas de franchi, n'est-ce pas ?

Ce que je découvre Ce que je demande		Ce que j'apprends Ce que je fais pour toi
(👁) J'arrive à ma maison. Je dors assez longtemps. J'ai besoin de tranquillité mais pas nécessairement du silence complet. Je vais m'adapter aux bruits de mon environnement.	**Entre la naissance et...**	(☺) Je te prends dans mes bras pour te rassurer, pour développer entre nous un lien d'affection mutuelle et pour que tu apprennes à me reconnaître.
Souriez-moi, parlez-moi ou chantez doucement.		Je te regarde attentivement et je te parle doucement.
Si je crie ou si je pleure, c'est que j'ai besoin de vous. Lorsque vous répondez, vous contribuez à développer chez moi un sentiment de sécurité.		Je réponds à tes cris et à tes pleurs pour te rassurer et pour nous permettre de développer une bonne relation. Je m'approche de toi pour te parler.
J'ai besoin de sentir que vous êtes là pour moi.		Je profite de chaque moment avec toi et j'essaie de ne pas avoir hâte à la prochaine phase.
Je vous fixe attentivement quand vous me parlez. J'essaie de vous suivre quand vous vous déplacez.	**1 mois à...**	Je change ma voix pour t'intéresser davantage : je parle moins fort, plus aigu et plus lentement, j'emploie des onomatopées et des « mots bébé ».
Je commence à faire des sons, mais pour me faire comprendre, j'emploie surtout les pleurs.		J'écoute les premiers sons que tu fais.
Je peux imiter des mimiques simples, comme ouvrir la bouche ou tirer la langue.		J'observe ton visage, qui a l'air de copier mes mimiques.

Ce que je découvre Ce que je demande		Ce que j'apprends Ce que je fais pour toi
		Je profite des moments où je te donne des soins pour t'observer, voir ce que tu fais de nouveau et te parler.
		J'observe ce que tu fais, comment tu es, et j'essaie de ne pas te comparer aux autres bébés.
Je passe un peu plus de temps éveillé et je bouge plus.	**2 mois à...**	J'aime t'entendre gazouiller dans ton bain ou dans ton lit, et je te souris.
Je commence à gazouiller, mais je pleure encore quand je ne suis pas à mon aise.		Je me suis amusé à t'imiter quand tu as fait tes premiers gazouillis, et je suis resté surpris de constater que tu semblais y répondre à ton tour, si je me taisais.
J'aime regarder les objets, mais je préfère les visages humains.		
Je trouve amusant de faire toutes sortes de mouvements avec ma langue : je joue avec ma salive et je fais des bulles.		Je fais aussi des jeux plus physiques, ce qui ne m'empêche pas de te parler pendant ce temps. Je te fais pédaler, je bouge tes bras et, surtout, je te caresse et te bécote.
J'agrippe et je serre fort. Attention aux lunettes, aux cheveux et aux bijoux !	**3 mois à...**	Nos échanges de sons ressemblent de plus en plus à de petites conversations : j'imite tes sons et ça te donne parfois le goût de continuer.
J'ai compris les signes de l'arrivée du repas. Excusez mon impatience et mon agitation, mais c'est très excitant pour moi.		
Je me sens en sécurité avec vous lorsque vous vous occupez de moi en me parlant doucement. Je vous remercie aussi d'avoir installé une certaine routine : cela m'aide à prévoir ce qui va arriver et c'est sécurisant.		Je commence à t'amener un peu partout avec moi dans la maison ou à l'extérieur. Je te promène dehors, ou encore je te place sur une couverture ou sous ton gym d'exercice. Ça me permet de t'observer faire des découvertes ou d'écouter tes nouveaux sons.

Ce que je découvre Ce que je demande		Ce que j'apprends Ce que je fais pour toi
J'explore mes pieds et je m'amuse beaucoup à répéter les mouvements que je découvre. Je fais des sons de roucoulement quand je suis sur le dos. J'aime beaucoup vous suivre partout, mais j'ai besoin de moments où vous me laissez seul pour explorer les mouvements de ma bouche et écouter les sons qui en résultent. C'est une activité tellement amusante !	**4 mois à...**	Je comprends que tu désires être seul pour continuer d'explorer de nouveaux sons et regarder ton environnement, mais je t'installe aussi avec nous pour t'impliquer dans notre vie de famille. Je m'entraîne à te parler de ce que tu fais, de ce que tu regardes et de ce que tu touches. Je continue d'utiliser une voix adaptée à tes besoins. J'imite aussi les sons que tu fais : ça nous met en communication.
Désolé, mais malgré mon entraînement, je n'ai toujours pas acquis le contrôle de mon volume : je peux parfois enterrer votre voix. Je me sens plus habile à suivre votre regard et je tente de trouver l'objet dont vous me parlez. Je commence à réagir quand vous prononcez mon prénom : surveillez ma réaction ! Je peux maintenant m'asseoir dans une petite chaise et j'aime bien voir le monde sous un angle différent.	**5 mois à...**	Lorsque tu t'éveilles, je te laisse un moment seul dans ton lit pour être certain que tu aies du temps pour pratiquer tes sons. Je prends le temps de nommer les objets qui se trouvent autour de nous, les actions qui s'y passent. J'essaie d'attirer ton attention en te disant : «Regarde!»

J'ai 6 mois : une demi-année de passée !

Je devrais vous surprendre une fois de plus en commençant à me tourner seul. Ce n'est rien pour vous peut-être, mais pour moi, un nouveau monde s'ouvre : je réalise que je pourrai commencer à me déplacer sous peu. Ce sera une première phase vers la découverte du monde qui m'entoure. J'aime aussi cette perspective de pouvoir m'asseoir seul, mais pourriez-vous me donner un coussin pour appuyer mon bas de dos ? Ce serait plus facile, car je suis un débutant de cette position qui est très utile pour connaître mon environnement sous un autre angle. Ce que mes yeux voient dorénavant est fascinant.

Je veux juste vous informer que j'aime toujours la façon dont vous me parlez. Vous venez cependant de me surprendre en voulant m'empêcher de mettre le savon dans ma bouche. J'ai eu peur, d'ailleurs j'ai toujours peur quand vous parlez trop fort.

Je me débrouille assez bien pour saisir les objets qui sont proches de moi. Quand j'attrape mon hochet, je le brasse sans considération pour le bruit que ça fait. Par contre, le jeu qui me plaît le plus est de laisser tomber mes jouets par terre et de vous voir les ramasser. C'est amusant, car quand ils arrivent au sol, ça fait un drôle de bruit, et puis je ne les vois plus de la même manière : en s'éloignant, ils deviennent de plus en plus petits, parfois ils roulent ou se défont. J'aime ça aussi, car j'ai compris que c'était un jeu que nous pouvions faire à deux : je jette par terre, vous ramassez et je recommence. Ça ressemble drôlement aux tours de rôle dont mon auteure parlait précédemment.

Ce n'est pas un vrai jeu, mais j'aime bien bouger la main vers des endroits ou des objets. Vous ne trouverez pas nécessairement de réponse à ce que ça signifie. Parfois, je veux que vous me donniez l'objet pour l'explorer ; à d'autres moments, je désire que vous me disiez son nom ; et quelquefois, c'est juste pour attirer votre attention. Ne soyez pas mal à l'aise si vous ne parvenez pas à interpréter à tous coups ce que mon geste signifie. Ne faites qu'y répondre, ça signifiera que vous êtes à l'écoute et que mes tentatives de communication en valent la peine.

🙂 Tiens, il me semble que c'est nouveau, on dirait que tu fais des sons quand je chantonne ou que je mets de la musique. Je vais continuer de t'observer et essayer de trouver quelle musique est ta préférée : le classique, le rock, le jazz, les chansons pour enfants ou quoi encore ? Pourtant, je crois que tout comme moi tu as besoin de moments de solitude pour vaquer à tes occupations. Tu sembles vraiment intéressé par les jouets que je mets à ta disposition et tu réussis même à les empoigner toi-même. Je te laisse parfois sur une couverture pendant que je lis mon journal, que je fais les tâches ménagères ou que je répare quelque chose. Je n'en reviens pas de voir comment tu peux t'occuper seul. Tu te réjouis de pouvoir tourner sur toi-même et de prendre un jouet que tu examines sous tous ses angles. Ah, c'est certain que la plupart du temps je mets à ta portée de petits jouets : tout te fascine ! L'autre jour, nous nous sommes arrêtés à l'improviste chez ta grand-mère et je n'avais rien apporté. Elle a placé à côté de toi quelques bouteilles de médicaments bien scellées, remplies de pâtes alimentaires de formes et de couleurs variées ainsi que de vieux boutons, et t'a donné quelques chiffons et débarbouillettes propres de diverses textures. Je n'ai jamais vu autant de plaisir dans les yeux d'un enfant devant ces objets pourtant bien ordinaires. Tu les tournais dans tous les sens, tu les agitais en étant surpris des sons qu'ils faisaient. J'ai alors compris que tout ce qui t'entoure est bel et bien nouveau pour toi et que je peux te le faire explorer au même titre que les jouets, sans que ça me coûte une fortune.

Par ailleurs, tu développes certaines autres façons de communiquer. Il y a quelque temps, j'avais noté que tu avais commencé à montrer avec ta petite main des objets ou des personnes, mais je n'en avais pas fait de cas. Cependant, c'est plus clair pour moi maintenant que tu indiques ces objets avec ton doigt et que cela signifie que tu as compris le principe du langage. Bien sûr, ta demande n'est pas encore très claire, mais tu sais que tu obtiens quelque chose en faisant ce geste. Est-ce que tu veux me dire : «Donne-le-moi», «Je le veux», «Approche-le un peu que je l'examine»?

C'est presque gênant de t'amener dans des endroits publics : tu fixes tellement les gens ! L'autre jour, nous étions assis dans un café et tu as regardé la dame de la table voisine. Dès l'instant où elle a répondu à ton regard en te saluant, tu t'es mis à être insistant. On aurait dit que tu analysais comment elle mangeait son croissant, comment elle brassait son café et le buvait. Et puis, tu as recommencé le même manège avec son compagnon, qui lui aussi a eu la politesse de te saluer. Semble-t-il que c'est bon signe et que de cette façon tu es en apprentissage. J'ai quand même hâte de t'enseigner que ce n'est pas poli de dévisager les gens de cette façon et que tu sois en âge de le comprendre.

J'ai 7 mois

(👁) Ne soyez pas surpris qu'au cours de ce mois je commence à vouloir faire plus de choses par moi-même. Je peux maintenant m'asseoir avec plus de facilité, bien que je ne sois pas encore solide. Je me tourne aussi seul, du ventre sur le dos. De plus, comme j'ai commencé à prendre moi-même quelques aliments dans ma main, j'essaie de diriger le tout vers ma bouche, mais il faut quand même que vous continuiez à me nourrir, même si je m'y oppose parfois. Ça ne sera d'ailleurs pas la seule circonstance où je vais m'opposer : je n'apprécie vraiment pas beaucoup quand vous me déposez quelque part pour vous occuper des repas ou de la lessive. Je préfère que vous me promeniez, que vous me montriez les choses qui m'entourent et que je ne connais pas. J'ai beau faire des efforts pour me propulser, c'est à peine si j'avance en rampant. J'en éprouve une certaine fierté, mais je sens que ça ne va pas très loin encore. J'ai vraiment hâte de faire comme les autres et de me tenir sur mes deux jambes. Ça a l'air vraiment amusant !

Je vous l'ai dit, j'affectionne tout particulièrement les objets simples qui se trouvent dans la maison. Maman me fait bien plaisir lorsqu'elle me permet de prendre son miroir de sac à main, les cuillères de bois, les bols et les plats de plastique. Les jouets que j'ai reçus m'amusent aussi, surtout ceux qui tournent, qu'on peut presser et qui font du bruit, finalement tous les jouets sonores. Bon, je suis peut-être un peu bruyant quand je les frappe les uns contre les autres, contre le rebord de la table ou sur le plancher. C'est vous qui me l'avez dit, car moi, je ne me rends pas compte que c'est dérangeant. Je fais juste des expériences. C'est pareil pour les choses que je laisse tomber ou que je lance par terre. Vous perdez parfois patience quand je joue à ce jeu et vous ne voulez pas vous amuser avec moi. Après quelques tours, vous me dites que c'est assez. Mais là encore, je fais mes petites expériences : j'apprends à lancer et je trouve ça passionnant de voir tomber les objets. Certains vont plus loin que d'autres, quelques-uns rebondissent un peu. Bon, c'est vrai qu'avec la nourriture vous m'avez clairement signifié que ça ne faisait pas votre affaire, et j'ai compris.

Ne vous laissez pas tenter par tous les jouets commerciaux et les offres pour des trucs qui feront de moi un génie : j'ai seulement besoin de *vous*.

Bien sûr, j'aime de plus en plus répéter mes sons, et il se peut que vous entendiez des *m*, des *p*, des *b*, des *t*, des *n* et des *d*. Mais ne vous méprenez pas, je ne dis pas encore «maman» ni «papa», comme vous risquez de l'interpréter. Mon répertoire consiste plutôt en des suites de syllabes semblables et répétées qui peuvent passer pour de vrais mots. À certains moments, je babille beaucoup, alors qu'à d'autres je reste silencieux en jouant avec mes doigts ou un objet. Ne vous sentez pas obligés de me parler tout le temps : il me faut toujours des moments où je découvre, j'explore, j'analyse comment c'est fait et comment ça bouge. Comme on dit : «Ne pas déranger !»

☺ Je t'entends de plus en plus babiller. C'est à répétition que tu fais des «pa pa pa» et des «ma ma ma» bien clairs et correctement articulés. Au fur et à mesure que je t'écoute, il me semble reconnaître quelques mots. Mais même si j'aimerais bien me dire que tu as prononcé mon nom, je sais qu'il n'en est rien encore. Ton babillage reste une suite de syllabes semblables, formées la plupart du temps des consonnes *p*, *b*, *m*, *t* et *d*. Les voyelles que j'entends dans ces syllabes répétées sont des *a*, des *œ* et des *é*. Je n'ai pas fait d'études poussées, mais j'ai observé que tes syllabes étaient formées de consonnes suivies de voyelles. Je sais que d'autres bébés dans la famille avaient plutôt tendance à faire des sons *c* et des *g*. Je présume que bien souvent dans les livres, on donne une idée des sons qui devraient généralement apparaître, mais c'est dès maintenant qu'on commencera à observer des différences entre toi et les autres enfants de la famille ou de nos amis. Je dois être patient, puisqu'il reste encore quelques mois avant que tes premiers mots soient produits constamment et réguliè-rement.

Tu commences à réagir quand je dis ton prénom. Cela signifie beaucoup pour moi, car ta mère et moi avons mis un temps fou, des heures de réflexion, pour trouver le bon. Et là, quand tu l'entends, tu nous regardes. J'ajouterais que la première fois où tu as tourné la tête quand j'ai mentionné ton prénom, ça m'a fait un petit pincement dans les émotions. J'ai hâte de voir si cela va se reproduire ou pas dans les prochaines semaines.

Je réalise que tu es en pleine découverte, que tu as besoin de tout toucher et de tout connaître. C'est pourquoi je ne t'ai pas repris tantôt au repas quand tu essayais de manger avec tes mains. Pour nous faire plaisir à tous les deux, j'ai pensé te nourrir moi-même durant le repas, mais je te couperai des morceaux de légumes cuits, des fruits mous et je mettrai des biscottes. Tiens, c'est là que les petites oppo-sitions mettront à profit nos habiletés mutuelles de communication : tu jettes par terre les aliments que je viens de laisser sur ta tablette. Je n'aime pas ça du tout, mais je me rappelle l'un des jeux que tu pré-fères : après avoir regardé et exploré tes jouets, pour jouer avec moi, tu les jettes par terre en les regardant tomber. Comme c'est amusant pour toi ! Ils font un drôle de bruit, ils deviennent plus petits à mesure qu'ils s'éloignent de ta vue et, en prime, je vais chercher les jouets et je te les redonne. Et je m'amuse à te dire : « Ah ! tombé !!! » J'aime toujours cela parce que ton expression étonnée est charmante et les sons que tu produis m'amusent. Mais là, désolé, il faut apprendre un petit quelque chose : les jouets peuvent être lancés, mais pas la nour-riture ! Bien entendu, il faut commencer à te mettre de petites limites. C'est là que vont entrer en jeu nos aptitudes à communiquer. Je t'ex-plique : « Non, il ne faut pas lancer les morceaux de pain par terre ! » Mais toi, tu commences à manifester ton caractère, tu chignes un peu. Évidemment, ce n'est pas facile de comprendre la différence entre jeu et pas de jeu. Bon, je vais essayer de prendre ta main en douceur et d'amener un aliment à ma bouche. Je vais aussi en placer un dans ta main pour que tu le mettes toi-même dans ta bouche, et pourquoi

pas dans la mienne ? C'est un genre d'échange : ton tour, mon tour !
N'est-ce pas ainsi qu'on communique entre deux personnes ? Petit
bout de chou, on peut dire que tu me fais réfléchir à mon rôle de guide.

Il fallait bien que ce moment arrive : je sens vraiment que tu testes
mes limites. Je ne pensais pas qu'un si petit être aussi charmant en
serait capable ! Je ne peux me fier comme avant au fait que tu t'occu-
peras seul pendant que je ferai les tâches ménagères, car tu peux
choisir ce moment-là pour t'opposer et refuser obstinément que je ne
m'occupe plus de toi pendant quelques instants. Je te vois commencer à tourner sur toi-même et te traîner comme une couleuvre pour
essayer d'atteindre ces objets que jusqu'à présent tu ne pouvais attraper par toi-même. Rien ne sert de tenter de t'arrêter, de te raisonner
ou même de me fâcher, car ce n'est pas clair pour toi. Je pense plutôt
que je vais commencer à mettre hors de ta portée ce qui pourrait être
dangereux pour toi. Dès aujourd'hui, j'ai commencé à ranger les choses
sur lesquelles tu pourrais tirer, qui pourraient te couper, te brûler, etc.
Je vois ton petit air innocent qui semble dire que tu as l'intention de
m'ignorer quand je te signifie mon désaccord si tu vas à un endroit où
je ne désire pas que tu ailles. Selon moi, tu commences à avoir une
idée de ce qu'est l'interdiction, mais tu en fais fi !

J'ai 8 mois

(⊚) Ça fait maintenant 8 mois que j'exerce mes muscles pour me
déplacer, et je ne trouve pas ça bien efficace de ramper en reculant
plutôt qu'en avançant. Mais pourquoi avez-vous sorti tout cet attirail,
ce matin ? On dirait que vous essayez de nuire à mes explorations...
Mais qu'est-ce que c'est que ces crochets-là ? Et cette barrière que
vous installez maintenant au bord de l'escalier ? Est-ce à dire que vous
me croyez capable de me rendre aussi loin et aussi haut que ça ? J'ai
bien hâte d'y arriver !

Pour le moment, si vous remarquez, vous m'avez laissé assis seul,
et j'essaie juste de me glisser vers un de ces jouets qui est à petite distance de ma main. Je m'étire, je l'empoigne... Vous êtes pas mal en-
courageants : « Ah ! tu as trouvé ta girafe, bravo ! » Eh bien, moi aussi

je suis fier, car maintenant je vais pouvoir dépendre un peu moins des autres. Vous semblez douter de ma capacité à comprendre ce que vous m'interdisez. Je tiens à vous informer que je comprends très bien vos «non». Mais la tentation d'explorer, la curiosité sont souvent plus fortes que vos interdictions.

Je n'aime pas ça quand vous sortez de mon champ de vision: j'ai peur d'être laissé seul. Au moins, vous prenez le temps de vous assurer que j'ai avec moi mon toutou et mon doudou. Ne les oubliez pas, car je me sens en sécurité avec eux.

☺ Le temps passe si vite que je n'avais pas réalisé que ta curiosité risquait de te jouer encore plus de tours si je ne sécurisais pas mieux notre environnement. Je suis conscient que pour développer tes connaissances, je dois te laisser explorer autour de toi, mais ce n'est pas une raison pour te permettre d'évoluer dans un milieu dangereux. Maintenant que tu me comprends bien quand je te dis «non», ça sera plus facile de t'enseigner les limites. Je ne trouve pas ça toujours facile de répéter ce mot, mais c'est ainsi, semble-t-il, que tu apprendras. J'imagine que c'est la même chose pour tous les nouveaux mots: il faudra que tu les entendes souvent et que tu les associes aux objets qu'ils représentent ou décrivent pour que tu finisses par les apprendre.

Dernièrement, j'ai remarqué que tu pleurais lorsque je te quittais. J'ai lu quelque part que je pourrais t'aider à apprivoiser mon absence en faisant des jeux de «Coucou!» avec toi. En me cachant derrière mes mains, puis derrière un vêtement, je peux t'aider à comprendre que je ne disparais pas pour toujours, que quand je pars je reviens quelque temps après. Même si tu ne comprends pas encore le sens de ce que je te dis, je t'explique que je m'absente et que je reviendrai bientôt. Je m'assure que ton toutou préféré et ton doudou soient à ta portée de sorte qu'au moins ces petits objets te sécurisent. Il va falloir que je les lave bientôt... vite et en cachette pour ne pas qu'ils te manquent!

J'ai remarqué que tu acquérais beaucoup d'autonomie dans tes déplacements et que tu parvenais souvent à rejoindre un objet que tu visais. Cependant, je constate aussi que parfois tu n'y arrives pas.

Quand tu me regardes à ce moment, je crois comprendre que tu veux me parler de cet objet. C'est à croire que, alors que c'est moi qui dirigeais la conversation il n'y a pas si longtemps, tu orientes désormais nos discussions. C'est sûr que j'interprète ces choses, mais comme tu sembles satisfait, je crois être sur la bonne voie.

Il y a des moments tellement merveilleux entre nous. J'aime quand tu te réveilles et que tu jargonnes dans ton lit. Tu vocalises de plus en plus et la variété des sons est impressionnante. J'ai remarqué que tu te sers des syllabes pour des raisons de plus en plus variées. Tu fais des sons lorsque tu es seul, mais aussi lorsque nous jouons ensemble, lorsqu'on s'adresse à toi, et je dirais même lorsque tu désires attirer l'attention. On dirait que tu tentes d'imiter nos conversations, mais dans une autre langue. Tu sembles parfois prendre des intonations qui ressemblent à des questions ; à d'autres moments, on dirait que tu fais un long commentaire. Tu as l'air de prendre le tout très au sérieux, et c'est pourquoi je ne t'interromps pas. À l'occasion, j'attends que tu aies fini et j'interviens en faisant semblant de deviner ce que tu pouvais vouloir dire. Tu as l'air de t'en amuser !

J'ai 9 mois

J'enrichis mon répertoire de sons. Je suis maintenant capable de produire des syllabes plus variées et répétées, comme *ba*, *ta*, *da*, *ma*, *ka* et *ga*, et ce, dans une même suite. J'ai bien analysé la manière dont vous parlez et j'essaie parfois de prendre les mêmes intonations que vous.

Avec tout l'entraînement que j'ai fait, il y a une chose que j'ai comprise : je peux avoir votre attention si je fais des gestes en même temps que des sons. Hier, lorsque le chat de la famille est passé près de moi, je vous l'ai montré du doigt en étirant magnifiquement le son *ééé*. Et ça a marché, vous vous êtes approchés de moi et m'avez répondu : « Bien oui, c'est Tchou-Tchou, ton chat ! » Un premier essai concluant, ça donne envie de recommencer !

Finalement, vous avez peut-être eu raison de prendre quelques mesures de sécurité, car maintenant je sais ramper. Ça me permet de tenter de vous suivre un peu plus et d'observer ce que vous faites dans la maison. Pas très efficace encore pour ne pas vous perdre de vue, mais je peux au moins aller explorer ici et là les choses qui m'entourent. C'est encore mieux lorsque vous n'êtes pas trop loin de moi pour m'en parler.

Je suis très content que vous preniez le temps de me montrer des mots : j'ai l'impression que ce qui sort de ma bouche commence à ressembler à ce que vous dites. Enfin, pas tout à fait. On dirait que je n'y parviens pas encore. Peut-être ai-je besoin d'un peu plus d'entraînement, que mes muscles prennent le tour, comme on dit. En tout cas, rien ne vous sert d'insister pour que ce soit tout à fait comme vous : pour le moment, j'ai beau essayer, je ne peux faire mieux. Mais ne lâchez surtout pas, j'ai bon espoir d'y parvenir.

Vous vous demandez de quoi me parler ? Montrez-moi le nom des parties du visage et du corps. Vous verrez qu'avant longtemps ce sera profitable. Je vais les apprendre et vous surprendre en vous montrant que je peux nommer les miennes et les vôtres aussi.

☺ Je reconnais en toi un habile communicateur et je me fais prendre à ce petit jeu. Je participe avec toi, car, d'une part, ça me plaît et, d'autre part, je sais que c'est important pour ton évolution. À tout moment de la journée, je te vois, l'index en l'air, en train de me montrer quelque chose qui se passe, un animal, un objet. Ça tient occupé, ça, mon petit. Je ne peux pas toujours te répondre, mais la plupart du temps, j'essaie. Parfois, tu commences à tendre les bras vers nous en prononçant un *u* allongé ou répété. Ces tentatives me disent que tu as compris une règle de communication très importante : tu éprouves le désir, l'intention de partager une pensée («Regarde, je viens de voir le chat») ou de faire une demande («Prends-moi»).

Je remarque aussi que ton babillage a changé et que parfois tu sembles vouloir faire de petites conversations avec moi. Avant, tu babillais presque sans arrêt, alors que là, de temps en temps, je crois déceler des pauses. J'en profite pour te faire à mon tour un petit commentaire, et cela amène souvent une sorte de réponse de ta part. Une chance que personne n'assiste à nos échanges, car nous pourrions avoir l'air assez bizarres. C'est un peu comme si deux personnes s'adressaient l'une à l'autre dans deux langues différentes tout en ayant l'air de se comprendre. Peu importe, c'est notre petit secret à nous deux !

Il me semble aussi reconnaître dans les mélodies, l'intonation et les rythmes différents que tu produis des semblants de phrases qui ressemblent à des questions. Ou j'ai parfois l'impression que tu m'appelles. Tu ne dis pas encore de mots, mais c'est comme si tu faisais toute l'intonation d'une vraie phrase. C'est vraiment passionnant !

Bien entendu, il faut continuer à te mettre des limites, ne pas te laisser tout faire. Par exemple, hier tu as tiré très fort sur la queue du chat, qui était passé un peu trop près de toi. Peut-être que Tchou-Tchou se laisse faire, mais je doute qu'il en soit de même pour tous les animaux que tu rencontreras. Au moment où c'est arrivé, j'ai été très étonné, et je suis intervenu en te disant d'un ton un peu autoritaire : « Non, non ! Ne fais pas ça ! » Par contre, ça a porté ses fruits, car tu as réagi avec un effet de surprise et tu as retiré ta main assez rapidement. J'en déduis donc que tu as bien saisi le sens de ma remarque. Je sais que dorénavant, lorsque tu feras quelque chose de dangereux ou d'inadéquat, je pourrai prendre ce même ton pour te faire comprendre ce qui est permis et interdit dans notre maison. Graduellement, tu connaîtras les règles de la prudence et nos valeurs.

J'ai 10 mois

Enfin, je commence à comprendre des mots. Tel que je vous l'avais demandé, vous m'avez parlé souvent des parties du visage. Eh bien là, il me semble que je commence à les démêler. Plus vous jouez avec moi à ce genre de devinettes (« Il est où, ton nez ? »), plus vous me donnez d'occasions d'apprendre.

J'aime beaucoup le fait de pouvoir jouer avec des sons de plus en plus ressemblants aux vôtres. Je ne suis pas tout à fait habile à vous dire avec précision les mêmes mots que vous, mais je m'y applique tous les jours. Il y a une chose que je sais bien faire cependant, c'est d'imiter vos intonations. J'ai observé qu'avant une pause votre voix monte ou descend. Avec de l'entraînement, je crois que je réussis peu à peu à reproduire ce type de situation. Ne vous inquiétez pas si je parle un peu moins par moments : je me concentre sur un nouvel apprentissage, et ça me demande beaucoup. Laissez-moi apprendre à me déplacer un peu plus efficacement, et je vous assure que je ne recommencerai pas après.

☺ C'est vraiment bizarre, mais après avoir cru que tu disais « maman » et « papa » alors que tu babillais, maintenant j'ai l'impression que ce que tu dis ressemble de plus en plus à des phrases avec les intonations appropriées. En prenant le temps de bien t'écouter, j'ai remarqué que tu produisais maintenant une variété considérable de syllabes. Malgré tout, je ne parviens pas encore à bien comprendre les mots que tu prononces. Tes phrases ressemblent à du jargon dont les intonations sont appropriées. Finalement, je dirais que c'est du babillage jargonné : ce doit être une phase vers tes premiers mots. J'ai tellement hâte que tu les dises pour de bon !

J'ai 11 mois

◉ Si vous avez remarqué, je recommence à utiliser mes vocalisations pour vous faire des demandes. Par ailleurs, vous noterez que j'emploie aussi des gestes et que je vous regarde ; je ne dis pas encore de mots, mais je réussis à me faire comprendre de plus en plus clairement. C'est très encourageant pour moi quand je réussis à recevoir une réponse qui correspond à ce que j'avais demandé.

Je saisis également que ce que vous me dites demande des réponses de ma part. Vous m'avez demandé « C'est quoi ? » ou « C'est qui ? », mais je ne peux pas encore dire de mots. Par contre, vous sembliez satisfaits de me voir bouger un peu la tête, de m'entendre vous bredouiller une réponse. Ça a aussi l'air de vous faire plaisir quand je vais chercher ce que vous désirez en me donnant des consignes comme « Prends » ou « Donne-moi ». Ces derniers temps, à votre demande, j'ai commencé à montrer mon nez, mes yeux, ma bouche et mes oreilles. Ça a l'air d'un jeu qui vous plaît, alors je ne me lasse pas de le répéter pour vous faire plaisir.

Cependant, ce qui m'est le plus agréable, c'est quand vous me tenez la main et que je réussis à avancer de quelques pas. Ça me donne un avant-goût de la liberté : ça doit être vraiment plaisant de pouvoir aller où l'on veut !

☺ J'ai appris malgré moi que pour parvenir à t'enseigner de nouveaux mots, il fallait une espèce de *timing*. L'autre jour, devant tes grands-parents, je voulais te faire dire le mot « camion », que tu avais prononcé pendant la journée : rien à faire. J'ai pensé un moment que tu étais têtu, que tu refusais de me faire plaisir, et je suis même allé jusqu'à penser que je n'avais probablement pas vraiment entendu ce mot ! J'ai essayé une autre fois avec ta tante, et je me suis encore buté à un silence. Jusqu'à ce que je fasse cette observation. Je t'avais installé dans ton siège d'auto et tu as vu ton petit camion préféré, trop loin pour que tu puisses l'atteindre. C'est alors que tu as émis un son inintelligible pour attirer mon attention tout en pointant du doigt le camion en question. J'ai eu le réflexe de te dire : « Ah, tu veux ton camion ? » Et tu m'as répondu : « Mion. » C'est à ce moment-là que j'ai tout compris : lorsque je te suggère des mots dans une situation particulière, le moment est bien choisi pour le faire, et c'est alors, dans un élan de synchronisme, que tu les répètes. Merveilleux ! Je comprends maintenant qu'il est inutile d'essayer de te faire dire les mots à certains moments détachés du contexte mais que c'est drôlement plus facile en présence de l'objet, à l'instant où une action se passe, ou encore lorsque tu manifestes un besoin.

Autre chose que je ne savais pas et que tu m'as apprise : je croyais qu'une fois que tu avais dit un mot, tu le connaissais et que, par toi même, la prochaine fois que tu me parlerais de ton camion, par exemple, tu utiliserais encore « mion », mais ce ne fut pas le cas. Plusieurs jours se sont écoulés, à plusieurs reprises je t'ai fait entendre le même mot avant que tu réussisses à le dire à nouveau. Je comprends donc qu'il faut plusieurs répétitions d'un même mot avant que tu l'enregistres, je ne dois donc pas ménager mes efforts pour te parler, dès que l'occasion se présente.

J'ai 1 an

(◉) Je vous réserve maintenant une grande surprise. Pendant l'année qui vient de s'écouler, vous m'avez offert beaucoup de stimulation et vous avez manifesté un grand intérêt pour que s'établisse une bonne communication entre nous. Vous aviez bien hâte que je produise mes premiers mots. Eh bien, c'est maintenant que je suis prêt à le faire, et je viens de lire la surprise sur votre visage. Vous croyiez que ce serait «maman» et «papa», mais vous ne saviez pas que nous, les bébés, commençons toujours par ceux que nous avons le plus entendus ou qui nous sont les plus utiles. En entendant «toutou», quand il a sauté dans mon lit, vous êtes restés bouche bée. Soyez patients, je vais vous dire les mots que vous attendez: «Maman», «Papa». Et voilà! Vous reconnaîtrez que ça faisait quelques semaines que je vous babillais le tout. Maintenant, ce sont de *vrais* mots, car je vous les dis chaque fois que vous arrivez près de moi. Je vais tenter d'en apprendre de nouveaux, mais vous devrez continuer de m'aider. Je compte sur vous pour me parler chaque fois que nous serons ensemble, car j'aimerais bien connaître le nom des choses qui m'entourent. J'étais très content, l'autre jour, quand nous sommes allés acheter des aliments. Alors que nous nous promenions dans une allée très colorée, vous m'avez nommé une multitude de légumes et de fruits, au fur et à mesure que vous les mettiez dans le sac. C'était toute une découverte pour moi! Je n'ai pas retenu grand-chose, mais je suis certain que si vous me les nommez souvent, je finirai par les apprendre.

Vous trouverez que j'avance à grands pas, et c'est là tout un jeu de mots. À la fin de cette première année, vous constaterez que je suis pas mal curieux! Surveillez bien la maison, car tout ce qui est à ma portée m'intéresse. Peut-être trouverez-vous que ça commence à être du sport, mais tout ce que je fais, je le fais pour apprendre. Saviez-vous que je reconnais mon nom maintenant? Vous remarquerez quand même que parfois je donne l'impression de ne pas entendre. C'est que je suis trop occupé à explorer. Désolé, mais ça arrivera souvent, car je me concentre pas mal sur certaines actions: regarder, tenter d'attraper, tâter, plier. Ce sont de bonnes raisons pour ne pas mettre dans mon espace exploratoire des objets qui sont précieux pour vous. Vous risqueriez d'être mécontents, car quand j'empoigne, je ne suis pas encore capable de beaucoup de délicatesse.

Vous ne pensiez pas que je prendrais si vite le goût de me déplacer, et maintenant, je commence à être pas mal plus efficace lorsque je vais de l'avant. J'ai hâte de me tenir sur mes pieds, comme vous, et c'est pourquoi je tente constamment de me soulever en m'accrochant au rebord des meubles.

☺ Nous étions surpris et un peu déçus par ton premier vrai mot, mais là tu viens de nous faire un très beau cadeau en nous appelant «papa» et «maman». C'est si doux à nos oreilles et nous sommes très encouragés. Nous sommes tellement contents que nous avons appelé tes grands-parents.

Je me rends compte que tu changes rapidement depuis que tu as commencé à te déplacer plus facilement. Je dois exercer une surveillance incroyable quand nous sommes dans un environnement nouveau. Je te vois partir et fouiner ici et là, t'intéresser à tout objet qui se trouve sur ton passage. Je sais cependant que cette grande curiosité est importante pour toi, pour le développement de ton intelligence, et que je ne dois pas toujours être à tes devants ou tenter de freiner tes élans de curiosité. J'ai besoin de me le répéter et de m'en convaincre souvent, car j'ai du mal à faire la part des choses entre ton besoin de sécurité et celui d'explorer, de connaître ton monde. Je t'observe souvent quand tu trouves un objet nouveau, et je suis fasciné par la façon dont tu l'examines. Ce sont pour moi des choses tellement banales, connues, que je ne les vois parfois même plus. Ça m'épate de te regarder faire : tu prends l'objet, tu le retournes, tu tires sur les bouts qui dépassent, tu le presses, et parfois tu essaies de faire avec lui ce que tu penses que ça doit faire. Ce n'est pas pour rien qu'il ne faut pas encore te laisser quelque chose de trop fragile : tu risques de vouloir vérifier si ça rebondit... Pour ma part, en plus de te laisser explorer sans te brimer, de veiller à ta sécurité tout en te laissant un peu d'espace, j'ai découvert que c'est souvent à ce moment que tu es disponible pour recevoir de la stimulation. Quelques instants après ta découverte, je nomme l'objet, et si tu sembles intéressé par mes propos, je décris un peu ce qu'il est en des termes simples, ou encore ce que tu fais. Je me rends compte que parfois tu essaies de reproduire ce que je te dis. Je suis heureux d'avoir fait cette trouvaille, car je sens que je t'aide à apprendre un peu plus de langage.

Je remarque aussi que tu es sensible au regard que les adultes portent sur toi; tu sembles capable de mieux décoder les expressions, les réactions des autres autour de toi. Même si tu es tout un explorateur, je t'ai observé t'approcher de certains objets, de personnes étrangères, ou tenter d'aller explorer des espaces plus éloignés, puis te retourner vers ta mère. Il me semblait que tu lui posais silencieusement une question, ou plutôt que tu lui demandais son opinion: «Maman, penses-tu que je devrais aller voir là?», ou bien «Est-ce que je peux toucher?». Le plus étonnant dans tout cela, c'est que tu avais l'air de tenir compte de sa réponse: lorsqu'elle adoptait une attitude positive, tu allais de l'avant dans ce que tu désirais faire, alors que si elle semblait désapprouver, tu revenais te coller contre elle.

Ce que je découvre Ce que je demande		Ce que j'apprends Ce que je fais pour toi
Je te montre des objets avec ma main. Ça peut vouloir dire que je les veux, que je désire que tu me les nommes, ou simplement je souhaite attirer ton attention. Lorsque je gazouille, c'est aussi pour attirer ton attention et que tu me répondes. Je te vois tellement mieux lorsque je suis assis. Installe-moi près de toi pour que je t'observe en train de préparer le repas, regarder le journal, faire un chèque, etc.	**6 mois à...**	J'ai noté que tu me montres souvent des objets. Je ne me contente pas de te les donner, je les nomme. J'ajoute même des informations pour enrichir tes connaissances et ton vocabulaire. Je fais des jeux de «Coucou!» en cachant mes yeux puis en les découvrant, ou je fais disparaître et réapparaître des objets: «Il est où le toutou? Le voilà! Coucou!» Je commence à faire avec toi des jeux où l'on prend chacun son tour. Je mets à ta disposition des objets variés et sécuritaires.

Ce que je découvre Ce que je demande		Ce que j'apprends Ce que je fais pour toi
J'ai presque autant de plaisir avec les objets de la maison qu'avec mes propres jouets ! J'adore faire des sons et je varie en produisant diverses consonnes et voyelles. À plat ventre, j'ai essayé de me glisser vers l'avant, mais sans trop de succès.	**7 mois à...**	Je trouve que tu fais pas mal de bruit avec les objets. Pour ne pas te frustrer quand c'est trop pour moi, je remplace délicatement l'objet par un autre qui peut t'intéresser aussi... Un toutou peut faire l'affaire, et moins de bruit ! Je t'entends de plus en plus babiller et j'essaie de ne pas te comparer aux autres enfants que nous connaissons.
Wow ! Je viens de réaliser que le mot que vous avez prononcé, c'est mon prénom. Je sais maintenant que c'est à moi que vous parlez quand vous le dites. Je me glisse comme un serpent sur le plancher. Ne me disputez pas si je m'approche d'un objet que vous ne voulez pas que je touche ou si je m'aventure en terrain interdit : c'est juste de la curiosité ! J'ai besoin de me sentir en sécurité lorsque vous me quittez, alors n'oubliez pas de me donner mon toutou et mon doudou.	**8 mois à...**	Je te donne des morceaux de biscottes et de légumes cuits pour que tu puisses avoir le plaisir de manger seul ; mais si tu les lances par terre, je commencerai à te mettre des limites. J'encourage les essais que tu fais pour aller chercher des objets en t'étirant. Tu sembles apprécier lorsque je te dis « Bravo ! ». Je pense à sécuriser la maison afin que tu ne sois pas en danger et pour ne pas avoir à te répéter continuellement de ne pas toucher à ceci ou de ne pas aller là. J'ai des choses moins négatives à te dire...
Je cherche parfois à prendre l'initiative d'un jeu et j'aimerais bien que vous me suiviez dans cette activité. Je vous pose malgré moi des devinettes. Pour comprendre ce que je veux vous dire quand je fais un geste, il faut bien me regarder.	**9 mois à...**	Je fais de petits scénarios qui reviennent souvent, par exemple : • avec tes autos : courser, stationner, etc. ; • avec tes bébés : les nourrir, les changer, etc. ; • en alternance, on monte des tours de blocs. Je place les objets un peu loin de toi pour te donner le goût de ramper.

Ce que je découvre Ce que je demande		Ce que j'apprends Ce que je fais pour toi
Ne soyez pas inquiets si vous m'entendez moins parler : je me concentre pour essayer de marcher. Plus vous me parlez, plus vous me donnez de chances d'écouter vos intonations et de m'entraîner à les imiter.	**10 mois à...**	Je te donne un peu d'aide dans les situations nouvelles, mais souvent je te laisse découvrir le monde autour de toi. Je te tiens la main quand tu manifestes le goût d'essayer de marcher.
J'aime quand tu me tiens la main et que tu m'aides à apprendre à marcher. Je tente de faire des gestes pour me faire comprendre, et je suis très satisfait quand votre réponse positive me démontre que mon message a bel et bien été reçu.	**11 mois à...**	Je ne te force pas à dire des mots ou à montrer ce que tu connais aux autres. Je te parle dès que l'occasion se présente.

Un rappel de la première année

Au cours de la dernière année, vous avez sûrement compris que comme enfant, il était normal que je ressente le besoin de communiquer. Je vous l'ai fait sentir dès mon plus jeune âge : j'ai essayé d'entrer en contact avec vous par mes pleurs, mes sourires, mon regard, puis par des sons et maintenant des mots. Ce grand besoin que j'avais, vous l'avez soutenu par vos contacts et vos réponses, et j'en suis très content. Tout ce que vous avez fait pour moi m'amènera à acquérir une forme d'indépendance et à développer l'usage des mots, lesquels s'organiseront éventuellement en phrases.

J'aimerais maintenant vous aider à comprendre certains phénomènes qui se passent chez moi et qui, peut-être, vous intrigueront, vous inquiéteront, ou même vous déplairont. Depuis que je suis avec vous, j'ai de plus en plus envie d'aller voir ce qu'il y a autour de moi. Vous avez noté que je tirais sur les objets qui pendaient près de moi, ou qu'alors que les mouvements de mes mains étaient encore malhabiles j'empoignais fortement les lunettes, les bijoux et les cheveux.

Ça m'intriguait tellement. Depuis que je peux me déplacer, je suis vite captivé par plein de choses que je vois à ma portée, un peu plus loin, et je commence à avoir moins peur de m'éloigner de vous. C'est certain qu'il est des moments où vous devez demeurer près de moi, mais quand je joue, que j'explore, vous n'avez pas besoin d'être à mes côtés. Vous allez me trouver bizarre, mais je n'aime pas encore beaucoup quand vous me quittez pour aller ailleurs, pour faire une sortie ; il arrive même que je pleure beaucoup quand vous me laissez. Vous l'aurez compris, je demeure un petit être complexe, qui hésite entre le besoin de se sentir en sécurité et celui d'aller explorer. Heureusement, vous avez été de très bons guides. Continuerez de l'être !

***

Au départ, l'enfant possède génétiquement ce qu'il faut pour apprendre : un cerveau doté d'une espèce d'ordinateur qui lui permet d'enregistrer les données. Il possède aussi un sens inné pour être intéressé par les voix des personnes et par la parole. Pour que ce processus devienne actif, qu'il se mette à fonctionner, il faut, disons, un opérateur : c'est vous, le parent. C'est à vous que revient la responsabilité de favoriser l'entrée des données. C'est pour cela qu'on entend souvent dire qu'il est très important de stimuler son bébé. Et pas seulement en lui parlant, mais aussi en lui répondant, en lui donnant de l'attention, en le cajolant, en le regardant, en lui chantant des chansons douces. Dès le moment où il pousse son premier cri, où il commence à pleurer, l'enfant suscite chez vous une réaction. Le fait d'y répondre l'amène à faire une sorte de raisonnement : « Tiens donc ! Quand je pleure de cette façon, on me prend. De cette autre façon, on change ma couche. Mais si j'ai faim, je dois plutôt pleurer autrement. » Étrange, n'est-ce pas ? Mais cela forme l'apprentissage de base qui lui servira plus tard à savoir parler avec les autres : je dis quelque chose, et j'ai une réponse.

Au fur et à mesure que le temps avance, le petit humain est ainsi fait que ses muscles se développent, devenant plus forts et commençant à faire des mouvements différents. Puis tout à coup, l'enfant commence à produire des sons, des cris avec sa bouche, sa gorge : il s'entraîne, quoi ! On dira qu'il vocalise ; c'est la période des gazouillis. Au départ, cela l'amuse en raison de ce que ça fait dans sa bouche. On n'a qu'à regarder les bébés qui font des bulles avec leur salive ou bien des *pff* avec leurs lèvres. On dirait qu'ils ne s'en lassent pas. Au bout de quelque temps, à force de regarder et d'entendre les gens parler autour de lui, le bébé en vient à faire des sons et des syllabes répétés qui appartiennent à sa langue maternelle et qui ressemblent de plus en plus à de vrais mots : c'est le babillage. C'est là qu'on a l'impression qu'il commence à dire «maman» et «papa». Ce ne sont pas déjà les vrais mots, car ils ne servent pas encore à nous appeler ou bien à nous nommer quand bébé nous voit, mais on a le goût de répéter après lui : «Bien oui, c'est maman, c'est papa !» Et quelle ne sera pas notre surprise de voir que cela renforce chez bébé le goût de continuer à babiller ! C'est de cette manière que l'enfant commence à connaître les règles pour communiquer : il fait des sons, on lui répond, il en fait encore, on lui répond encore... Et c'est encore mieux si on le regarde pendant ce qui peut être un jeu.

Pour que l'enfant connaisse des mots, il doit en entendre et voir à quoi ils se rattachent dans toutes sortes de situations. Dès les premières semaines, vous remarquez qu'il commence à vous fixer du regard. Puis, il s'intéresse de plus en plus à ce qui l'entoure : son mobile, ses objets préférés et, bien sûr, les personnes autour de lui. Plus il entendra le nom des choses, des personnes et même des actions qui sont faites autour de lui, plus son ordinateur enregistrera de manière solide les données. Plus on lui présentera les mots reliés à des choses ou à des actions qui se ressemblent, plus il deviendra facile pour lui de faire des raisonnements. Par exemple, s'il entend le mot «chien» pour son toutou en peluche, le chien des voisins et le chien dans un livre, il aura plus de chances de faire le lien : tous les chiens sont différents mais portent le même nom. S'il entend le mot «tombé» quand son toutou atterrit sur le plancher, quand vous laissez tomber vos clés ou quand il lance son biberon par terre, il saura que ce mouvement s'appelle «tomber». N'hésitez pas à profiter des divers moments que vous partagez avec l'enfant pour nommer, décrire, commenter les sujets qui concernent la situation. Il n'est donc pas nécessaire de vous asseoir avec lui et de faire des exercices spécifiques pour lui «enseigner» à parler.

L'explorateur entre 12 et 24 mois

J'ai entre 12 et 18 mois

(☉) Vous m'avez bien vu m'entraîner au cours des derniers mois, mais là c'est vrai: je pars! Je suis très heureux de pouvoir enfin me tenir sur mes pieds et faire mes premiers pas. Grâce à vous, je suis capable de marcher, mais surtout je parviens à me rendre plus loin dans mes déplacements. Je me sens en sécurité et je sais que même si je m'éloigne un peu, vous restez là. Avez-vous remarqué que je ne vais pas très loin? Que je fais quelques pas, que je vous regarde et qu'aussitôt je reviens vous coller? J'apprécie que vous me laissiez faire. C'est crucial pour moi que vous fassiez preuve d'assurance, que vous soyez calme avec moi et que vous me félicitiez de mes efforts.

Maintenant que je produis quelques mots, je les dis souvent pour représenter des phrases, même si je ne rapproche pas vraiment ces mots comme dans une phrase. C'est déjà un bel avancement, mais ce n'est pas pratique parce que les mots que j'emploie peuvent être interprétés de plusieurs façons. Actuellement, c'est comme si ma pensée dépassait mes capacités de langage. Étant donné tous les efforts que je fais pour communiquer et le peu d'efficacité que j'ai pour le moment, j'aimerais bien que vous preniez le temps d'observer le contexte dans lequel cela se produit. Cela vous permettra de déduire le sens de la phrase que j'ai voulu exprimer plutôt que d'interpréter le tout comme si j'avais fait une erreur. Ce n'est pas agréable de sentir que je me trompe et de ne pas être compris, surtout quand mon idée m'apparaissait très claire. En général, je vous trouve assez efficaces pour me deviner, mais tantôt, lorsque nous étions au magasin, je me suis senti un peu bête. Peut-être ne vous en rappelez-vous pas, mais vous m'avez amené dans le rayon des bébés. J'étais tellement content de voir le même mobile musical que le mien que je me suis exclamé: «Bébé!» Vous m'avez répondu: «Non, ce n'est pas un bébé, c'est un mobile.» Pourtant, je ne me suis pas trompé. Je sais très bien ce qu'est un bébé et ce qu'est un mobile. J'ai même un mot pour parler du mien. Vous le connaissez et vous le comprenez, car vous remontez mon mobile pour le faire jouer lors que je vous dis «Dzik!», ce qui signifie «musique». Mais là, je voulais plutôt vous dire que ce mobile était pareil comme le mien, moi le bébé. C'est juste ennuyeux que je n'aie pas pu vous dire toute la phrase: «C'est un mobile comme le mien. C'est le mobile de bébé.»

Par contre, s'il y a quelque chose que je crois être en mesure de maîtriser un peu plus rapidement, c'est la marche. Il y a peu de temps, j'étais tellement fier que vous me teniez par la main pour m'aider à faire quelques pas. Maintenant, je peux me soulever, avancer un peu, et hop! je retombe sur les fesses. Mais je sais que ce n'est pas pour longtemps, car de jour en jour, je parviens à faire quelques pas de plus. Cette nouvelle liberté me plaît vraiment, car je peux enfin savoir à quoi ressemblent réellement les objets vus sous le même angle que le vôtre, et je prends le temps qu'il faut pour les regarder. Éventuellement, ce sera plus facile de mettre une image sur un mot, quand j'entendrai son nom.

🙂 C'est formidable de voir l'évolution que tu as connue en un an! De bébé naissant, tu es devenu capable de te déplacer par toi-même et de faire quelques pas. Ta curiosité ne semble pas avoir de limites, et on dirait que plus que jamais tous tes sens sont en éveil. Il y a certainement un lien avec le fait de pouvoir voir plus de choses, mais tu sollicites fréquemment mon attention, comme si tu voulais que je nomme tout ce qui t'entoure. Les développements que tu as faits au cours de la première année n'ont pas été inutiles. Nous nous sommes habitués tous les deux à tourner nos yeux vers l'objet que l'autre regardait. Là, tu viens d'ajouter le geste de montrer du doigt, qui m'indique encore plus clairement ce sur quoi tu veux attirer mon attention.

Malgré le fait que tu m'indiques plus nettement quoi regarder, ce n'est pas toujours facile de comprendre ce que tu tentes de me dire.

Il faut parfois que je fasse des devinettes savantes pour tenter de déchiffrer ton message. La raison pour laquelle c'est parfois si compliqué, c'est qu'un seul mot peut signifier plusieurs choses pour toi. Au stade de langage où tu es rendu, on peut l'expliquer, mais il n'en demeure pas moins que ce n'est pas toujours aisé pour moi. À force d'entraînement, je me suis donné quelques pistes pour interpréter ces mots. Ainsi, un mot utilisé seul peut signifier :

- l'objet ou l'action comme tels («biberon», en voyant l'objet) ;
- la personne à qui appartient l'objet («papa», en voyant son auto) ;
- l'endroit où est situé l'objet («bébé», en voyant son lit : «C'est là que le bébé dort») ;
- que l'objet n'est plus là ou qu'il a disparu («pu») ;
- que l'objet vient de revenir, ou que tu veux le revoir, ou que tu veux qu'une action soit encore faite («encore»).

Je constate que tu es en train d'apprendre plein de nouvelles choses sur lesquelles je peux avoir de l'influence, selon le soutien que je t'apporte. Une image me revient en tête. Quand tu as commencé à faire quelques pas, si je me plaçais trop près de toi, tu faisais peu d'efforts. Tu te levais et au bout de deux pas, tu abandonnais en t'écrasant par terre juste devant moi, pour que je te relève. C'est sûr que je le faisais, car j'étais très proche de toi. Par contre, si je m'éloignais un tout petit peu et qu'au fur et à mesure que tu avançais je reculais très discrètement, tu faisais quelques pas de plus. Tu ne pouvais pas en faire davantage, puisque tu n'en avais pas la capacité musculaire, mais déjà tu t'étais dépassé. Cela m'amène à la réflexion suivante : tout au long de ton évolution, c'est ainsi que je dois procéder. Je dois être proche de toi, pour que tu aies l'impression d'avoir un guide, que tu te sentes soutenu et que tu persévères ; mais pas trop non plus, pour tout faire à ta place, pour te rendre la tâche trop facile et t'empêcher d'évoluer. Tout est une question de mesure et de jugement, entre le trop et le pas assez, que je dois apprendre et expérimenter en observant tes réactions.

J'ai 18 mois

(☉) Maintenant que je suis rendu à 18 mois, vous avez clairement noté que je m'exerce à prononcer quelques mots. Mais je trouve que ça ne ressemble pas beaucoup à ce que vous êtes capables de dire. Vous parlez tellement bien, et beaucoup en plus... Si je m'arrête à y penser, cette différence entre ce que je peux comprendre et ces quelques mots que je suis en mesure de dire me crée pas mal de frustration. Alors, je tente ma chance en écoutant attentivement la manière dont vous vous exprimez et j'essaie de faire comme vous. Je ne pense pas que je réussisse à produire d'aussi beaux mots que vous, mais il me semble que je me débrouille pas mal pour imiter vos intonations. Appelez ça du jargon si vous voulez, mais moi, je crois vraiment que je vous parle.

(☺) Depuis quelque temps, j'ai remarqué que tu te risquais à re-produire des conversations comme les nôtres. C'est plus apparent lorsque nous sommes en famille et que nous avons des discussions. Tu réagis particulièrement à celles qui sont animées. C'est comme si tu nous imitais, que tu désirais prendre part aux échanges verbaux. J'irais même jusqu'à dire que parfois tu sembles tu moquer de nous. Je reconnais bien quelques mots dans ce discours, mais dans l'en-semble cela ressemble plutôt à du jargon. Lorsque tu as commencé à jargonner ainsi, je ne savais pas trop quelle conduite adopter afin de ne pas te frustrer, alors que tu semblais faire de si beaux efforts pour être en contact avec moi. J'hésitais entre faire semblant de saisir ce que tu disais et t'avouer que je n'y comprenais rien. En aucun cas, il ne m'a été conseillé de te faire sentir que tu faisais des erreurs, de te faire répéter pour que les mots deviennent plus clairs ou de te re-prendre, comme certains le suggèrent. Finalement, après avoir lu et discuté avec plusieurs personnes de mon entourage, j'en ai conclu qu'il était plus bénéfique que je répète les mots que je réussissais à comprendre parmi tout ce que tu me disais. Ta réaction positive me prouve que j'ai opté pour le meilleur choix : tu affiches un air satisfait et ton goût de communiquer persiste jour après jour.

Ton intérêt pour ce qui se passe dans notre vie me guide souvent. Cela m'a amené à réaliser qu'il pouvait être rassurant pour toi de savoir ce qui était prévu dans notre journée. Je me trompe peut-être, mais j'ai l'impression que tu comprends un peu ce que je te dis lorsque je te prépare à aller dans un nouvel endroit. Du moins, j'estime qu'à défaut de tout saisir sur le coup, tu pourras au moins faire des liens entre ce que je t'ai expliqué et ce que tu verras lorsque nous arriverons sur les lieux. Il est certain qu'une fois rendus sur place je te répète certaines informations que je t'avais données à la maison, histoire de m'assurer que tu les associes maintenant. Pour boucler la boucle, de retour à la maison, je te rappelle ce que nous avons fait, ce que nous avons vu, et je me permets même quelques impressions personnelles.

J'ai 2 ans

(☺) Je dois vous dire que j'ai maintenant besoin d'un peu plus d'autonomie. Eh oui, vous avez clairement entendu : *autonomie*! Je vais essayer de vous expliquer ce que je ressens afin que vous puissiez mieux comprendre mon besoin et trouver moins difficile cette phase de votre vie. Jusqu'à présent, avec de bonnes intentions, vous étiez toujours aux devants de moi. Et je me laissais faire, si on peut dire. Mais là, j'ai l'impression de prendre plus d'assurance, d'être capable de faire plus de choses par moi-même, et je désire que vous le compreniez très bien. J'ai donc besoin d'être un peu plus indépendant, d'avoir parfois mes propres idées, mes désirs. Et si je vous dis «non», c'est simplement pour vous le faire réaliser.

Vous remarquerez que j'aime de plus en plus jouer, et parfois je me parle tout seul dans ces moments. Ne vous sentez pas toujours obligés de me répondre, car c'est important pour moi, cette espèce de monologue. Cela fait partie de mon développement, et c'est tout à fait normal. Alors, ne vous inquiétez pas.

Je sais que dernièrement vous étiez très fiers de mes progrès en matière de langage et que vous aviez très hâte que je m'exprime mieux. Savez-vous comment je m'en suis rendu compte? Chaque fois que quelqu'un vient à la maison, vous me demandez de dire ceci ou cela. Tiens, quand grand-maman est venue nous visiter la semaine dernière, je venais à peine de me réveiller de ma sieste, et vous avez vraiment insisté pour que je lui dise mon prénom. C'est vrai que ça doit être mignon à entendre, mais grand-maman le sait, mon prénom. Et puis moi, est-ce que je passe mon temps à vous demander de dire le vôtre quand la visite arrive? Non seulement je l'ai dit, mais en plus il a fallu que je le répète en essayant de prononcer le fameux petit son que je ne suis pas encore capable de faire, même si j'essaie vraiment dans ma tête. Ça, grand-maman ne s'en rend pas compte, mais ça me dérange pas mal. Je n'ai pas envie d'essayer de faire quelque chose dont je ne suis pas capable. Je suis content que vous le redisiez, vous, car vous en êtes capables et je l'entends bien. Quand mes muscles seront mieux développés, je vous promets de le dire correctement, mais laissez-moi le temps. C'est un peu la même chose quand on regarde un livre et que vous me demandez de dire le nom de toutes les images que nous regardons. Jusque-là, j'éprouve du plaisir à être avec vous et à les nommer. Mais ça devient une corvée quand vous commencez à insister et à me demander de redire les mots plusieurs fois dans l'espoir que je les prononce mieux. Imaginez-vous parlant une autre langue. Les gens vous demandent de répéter plusieurs fois un mot, mais vous savez qu'ils l'ont compris et que leur désir est seulement de vous le faire mieux produire!

Je trouve que ça prend beaucoup de mots pour expliquer des choses. Moi, je ne les connais pas tous, et c'est pourquoi je n'appelle pas toujours les choses par leurs vrais noms. Je vous ai vus sursauter l'autre jour quand j'ai dit «maman» et «papa» aux deux personnes qui sont venues souper. Ce n'est pas que je ne suis pas intelligent ou que je me suis trompé, c'est le seul mot que je connais pour l'instant lorsque je veux interpeller des hommes ou des femmes. Soyez certains que dans les mois qui viennent, je vais tenter d'apprendre leurs vrais noms.

Je commence seulement à pouvoir mettre deux mots ensemble, mais si vous m'en donnez le modèle, je remplirai graduellement les trous des phrases en y mettant de plus en plus de mots de grammaire tout en augmentant ma quantité de mots. Je ne réussis pas encore à mettre tous ceux qu'il faut pour pouvoir vous poser des questions, mais si vous êtes attentifs, vous constaterez que ma tonalité, elle, vous donne des indices.

☺ Ouf! ce n'est pas toujours facile avec toi : il me semble que tu me dis toujours «non» quand c'est le temps de faire des choses. Cependant, je me suis arrêté à y penser, et plutôt que d'y voir une résistance, une opposition à mes demandes, j'ai commencé à trouver que c'était pour toi une façon de devenir un peu plus indépendant. Ce jour-là, j'étais très fier de ma découverte, et je me suis arrêté à penser à tout ce qui avait changé chez toi au cours des deux dernières années. J'ai pris le temps de faire le tour de tes progrès sur les plans de la motricité, du langage et de l'intelligence, et de réfléchir à ce que tu arrivais à faire maintenant par toi-même. À la suite de cette réflexion, j'ai réellement vu que je pouvais commencer à t'enseigner encore plus de choses, qui te rendraient justement plus autonome. Ce fut une constatation très rassurante.

Je remarque aussi quelques comportements que je n'apprécie guère. C'est comme si tu étais en voie d'apprendre ce qui est socialement acceptable ou non. C'est étonnant, car tu étais pour moi si gentil, et il me semble que quelque chose comme de la méchanceté prend le dessus. Mais je dois arrêter ici mon jugement sévère : on m'a dit de ne pas étiqueter ainsi ces comportements mais plutôt de les décrire. Donc, le mot «méchant» ne doit pas être employé pour expliquer ce qui se passe chez toi. Disons que tu es en période d'apprentissage, et je pense que c'est à moi de faire la part des choses. Mon enseignement du langage ne s'arrête pas à te montrer des noms, des verbes et à modeler les phrases que tu as produites. Comme je constate que tes comportements sont parfois inacceptables, je dois intervenir. Fort heureusement, grâce aux mots et aux phrases que tu comprends maintenant, je vais pouvoir mieux t'expliquer. Je te dis : «Non, on ne tire pas les cheveux!», et c'est à toi maintenant de cesser de le faire. J'ajoute : «Ça fait mal, ne fais plus ça!» Déjà, on se comprend bien, je ne t'ai plus vu faire ce geste. Mais là, tu viens de pincer le bébé. Je sens la moutarde me monter au nez. Bon, je t'ai dit un peu rudement de le lâcher, et tu as fait une moue. Par contre, je me suis repris et t'ai expliqué simplement : « Non, ne pince pas, ça fait mal. » Au même titre que je t'ai montré le nom des objets, les caractéristiques de certains d'entre eux (chaud, mouillé, etc.), je dois aussi t'enseigner les mots qui servent à décrire des états : « mal », « bobo », « peine » en font partie.

Au cours des derniers jours, j'ai noté que malgré l'habitude que nous avions de regarder des livres ensemble, tu semblais y prendre moins de plaisir. J'ai même eu l'impression que tu essayais d'écourter le temps que nous y passions. Hier, je t'ai observé et j'ai eu l'impression que tu avais détourné la tête quand j'ai insisté pour que tu répètes les trois syllabes de « éléphant ». Se pourrait-il que j'aie perdu de vue le plaisir de simplement passer du temps avec toi, de te faire faire de nouvelles découvertes, de partager un moment exclusif ? Je pense que je vais modifier ma façon de faire, juste pour vérifier mon hypothèse...

C'est très heureux que tu parviennes à faire des phrases qui comportent deux mots. J'ai tenté de suivre ton évolution, mais comme elle est très rapide, je me rappelle seulement que tu as commencé par des combinaisons qui comprenaient une voyelle – souvent *a*, *e* ou *é* –, associée à un mot, ce qui ressemblait à « e chat ». Bien que dans l'ensemble je trouve que tu prononces aussi de plus en plus clairement, je ne suis pas arrivé à interpréter ce que signifiait cette voyelle sinon un déterminant quelconque. Je suis encore plus épaté par la façon dont, en quelques semaines, tu t'es mis à associer deux vrais mots et comment tu te débrouilles pour me faire comprendre la différence entre un commentaire et une question. Hier, tu m'as dit : « Toutou pati » (« Tchou-Tchou parti ») pour me faire comprendre que le chat était sorti de la pièce ; mais tantôt, au réveil de ta sieste, alors que le chat était dehors et qu'il n'était donc pas venu nous rejoindre comme à son habitude, tu m'as dit les deux mêmes mots, mais cette fois, le ton que tu as employé avait clairement l'air d'une question. C'est certain que tu ne peux pas du jour au lendemain formuler une question avec tous les bons mots bien ordonnés, comme : « Tchou-Tchou est-il parti ? », ou encore «Est-ce que Tchou-Tchou est parti?». L'important me semble que tu aies appris de nouveaux moyens de te faire comprendre.

Ton vocabulaire aussi s'étend de façon phénoménale. J'ai tenté de relever une liste des mots que tu disais, et il me semble que le nombre dépasse soixante ou soixante-dix. Cependant, je ne parviens pas à en faire un inventaire exhaustif, car il s'en ajoute entre quatre et dix nouveaux chaque jour, qui ne reviendront pas nécessairement le lendemain.

J'ai 2 1/2 ans

(👁) Est-ce que vous dites 2 1/2 ans ou 30 mois? En tout cas, je trouve que je me débrouille pas trop mal pour quelqu'un qui, il y a à peine un an et demi, commençait à faire des mots. Il me semble que vous devez être fier que je parvienne maintenant à combiner trois, quatre mots de suite pour dire ce qui se passe, ce qui appartient à qui, où sont certains objets. Je suis assez content de pouvoir avoir des conversations avec vous, mais je ressens le besoin de vous dire que je n'apprécie pas tellement que vous essayiez de me faire répéter. En fait, je trouve cela désagréable, car j'ai l'impression que vous ne m'écoutez pas vraiment et que vos centres d'intérêt sont ma prononciation et la façon d'organiser mes phrases. Ce serait bien si nous pouvions juste avoir une conversation ensemble, comme vous le faites avec les adultes. Il ne vous viendrait sûrement pas à l'idée de faire répéter un ami qui a mal dit un mot ou dont la phrase n'était pas tout à fait correcte... Ça le mettrait dans une situation embarrassante. Alors, j'aimerais bien que vous pensiez que je peux moi aussi être mal à l'aise de temps en temps quand ces situations se présentent.

Bon, c'est vrai, je ne suis pas un champion dans tout ce que je fais, mais pourriez-vous retenir ceci: je suis en apprentissage. Lorsque vous tentez de faire quelque chose de nouveau (tiens, je vous ai vus l'autre jour essayer d'installer le nouveau store de cuisine...), vous prenez le temps de regarder comment procéder. Vous êtes un peu gauche et en plus vous ne réussissez pas toujours du premier coup. C'est pourquoi je vous demande de me laisser le temps et de ne pas tout faire à ma place. Je me sens vraiment insulté lorsque vous perdez patience parce que je ne réussis pas tout de suite. Vous me dites que je joue avec mes bas plutôt que de les mettre. Ce n'est pas facile de trouver le bon bord pour entrer mes orteils! Je cherche le trou! Par contre, l'autre fois, vous m'avez dit de le prendre par le bord, de le rouler un peu et de glisser mes orteils à l'intérieur. Ah! comme c'était clair, tous ces mots qui accompagnaient ce que vous vouliez m'enseigner! Refaites cela souvent, et vous aurez un as enfileur de bas! Vous verrez comme j'apprendrai de nouvelles choses.

☺ J'ai décidé de te donner de très petites responsabilités, à la hauteur de tes capacités, et c'est en partie grâce à la communication qui s'est établie entre nous que j'ai pu y parvenir. Je t'ai donc enseigné à mettre tes bas... Bien sûr, nous n'avons pas toujours le temps de te laisser le faire toi-même. Je sais que ça te frustre quand je fais des choses dont tu es capable. Dis-toi que c'est un apprentissage pour nous deux. As-tu remarqué que je commençais à employer avec toi des mots qui parlent du temps? Sois un peu à l'écoute et essaie de comprendre des expressions comme: «On est pressés», «On n'a pas le temps», «Aujourd'hui, c'est moi, et demain, c'est toi». Tu dois réaliser que dans le monde des adultes, le temps est un élément important. Tu verras toi aussi qu'il y a des jours où tout est possible, et d'autres où l'on ne peut pas faire quelque chose.

J'ai 3 ans

◉ Me voilà rendu à 3 ans avec, ma foi, un langage très intéressant. Je comprends un peu plus vos phrases longues, mais je vous en prie, faites-moi grâce de toutes ces grandes explications: j'en perds des bouts. Vous remarquerez cependant que lorsque vous me posez des questions courtes qui commencent par «qui», «où», «comment», je commence à vous répondre. Ce n'est pas sorcier: j'ai enfin appris le sens de ces mots.

Je suis content de pouvoir maintenant converser avec vous, mais vous êtes souvent occupés et moi, j'ai vraiment envie de vous parler. Ne perdez pas patience, je vais souvent vous nommer pour être certain que vous êtes bien attentifs à mes propos. Ce n'est pas pour rien que j'ai appris à dire «maman» et «papa»... Le répéter plusieurs fois devrait retenir votre attention tout de même !

Je commence à coller quelques mots ensemble, mais à partir de maintenant, vous verrez que je vais ajouter de plus en plus de petits mots qui vont me permettre de faire des phrases plus complètes. Pour le moment, mon vocabulaire est en majorité formé de noms, de choses et de personnes. C'est que je m'intéresse beaucoup à connaître tout ce qui se trouve autour de moi. Soyez patients avec moi, car j'ai vraiment besoin que vous m'expliquiez le sens de certains mots. Si j'en apprends beaucoup de nouveaux, c'est qu'en plus des explications que vous me donnez ma mémoire s'est nettement améliorée. Pour cette raison, assurez-vous de me parler et de m'expliquer toute situation nouvelle. C'est le temps pour nous de sortir, de regarder, de lire, d'écouter la télé ensemble. Certains vont jusqu'à dire que je suis une «éponge». C'est vrai que je peux absorber beaucoup de nouvelles connaissances. En général, j'emploie des mots plus précis qu'avant, mais malgré les efforts que je fais pour utiliser les bons termes, il arrive parfois que j'aie mal saisi le sens d'un mot et que ça donne un drôle de résultat. L'autre jour, au parc, je tentais de vous expliquer que le petit garçon faisait voler un cerf-volant et je vous ai dit : «Garçon vole cerf-volant.» J'ai bien apprécié quand vous avez précisé : «Le garçon *fait* voler le cerf-volant», en accentuant le mot «fait». J'étais content que vous compreniez ce que je venais de dire, malgré ma maladresse verbale. Somme toute, nous faisons une bonne équipe !

Ce que vous appelez la grammaire n'est pas une chose facile à apprendre. Je vous écoute faire vos phrases et j'essaie de remarquer comment vous utilisez certains petits mots en les plaçant entre ceux que je connais déjà. Comme un petit détective de la langue, je tente de déduire comment vous en venez à les insérer dans une nouvelle phrase, mais il me semble que toutes les phrases sont nouvelles. Finalement, je suis parvenu dernièrement à ajouter des articles et même à en préciser le genre. J'ai aussi essayé de comprendre comment vous faisiez pour parler des différentes journées, et je me suis rendu compte qu'il fallait bien que je change quelque chose dans mes verbes. Maintenant, je commence à parler de ce qui est passé et futur en employant des temps différents.

Mais voilà que j'essaie de comprendre comment faire pour vous parler de moi en m'identifiant de la façon la plus claire possible. Bien entendu, je connais mon prénom et je sais bien l'utiliser. Cependant, quand je vous écoute, je constate que parfois, avec certaines personnes, vous parlez de vous en employant le petit mot «je». Je suis un peu confus, car ce mot-là semble être celui que vous vous dites entre adultes. Quand vous vous adressez à moi, je vous entends toujours vous identifier par «papa» et «maman», par exemple: «Viens, papa va te donner ton bain.» J'ai hâte de pouvoir comprendre ce mystère...

Je trouve que j'ai progressé énormément depuis le moment où j'ai dit mon premier mot. Mais avec tout ce qu'il y a à maîtriser, certains jours je ne parviens pas à organiser mes idées, à choisir les bons mots, à bien structurer les phrases de manière qu'elles soient produites sans hésitation. Je sais très bien qu'il ne faut pas que je répète «moi moi moi» lorsque je commence à parler, mais je le fais contre mon gré. Laissez passer et attendez que j'aie terminé mon idée. Puis, répondez à mon besoin sans me conseiller de prendre mon temps, de respirer ou quoi que ce soit. Même si vous avez les meilleures intentions du monde, ça ne sert à rien: c'est une période à traverser. Je résumerais ça en vous disant que lorsque les circuits de mon ordinateur seront réglés, le tout disparaîtra et je m'exprimerai sans hésitation. Toutefois, si vous me mettez de la pression, je risque d'avoir plus de difficulté encore; vous le savez sûrement, en essayant de trop bien faire, c'est souvent là qu'on est le plus maladroit.

🙂 Il y a quelque chose dans ton attitude de bout de chou de 3 ans que j'aimerais bien voir s'améliorer. Ça concerne les situations où tu es en contact avec d'autres enfants. Parfois, je suis assez content de voir que tu peux t'amuser avec ta sœur, ton cousin, mais quand survient un conflit, je suis parfois mal à l'aise face aux autres parents et je ne sais pas toujours comment m'en sortir. J'ai bien essayé de te mettre en retrait, de te punir parfois. Ou encore je me suis laissé tenter par l'envie de refuser que nous fréquentions d'autres parents ou amis. Mais là, je viens de constater que certains adultes fonctionnent en parlant avec leurs enfants, qu'ils leur expliquent des choses et qu'ils leur montrent par le fait même à s'expliquer. Tiens, un nouvel aspect du langage que je vais t'enseigner! Ce n'est sans doute pas la dernière fois que tu auras à négocier avec d'autres personnes; alors, je pense te rendre un grand service en te montrant la façon de le faire. Je ne m'attends pas à ce que tu entres immédiatement en contact avec les autres de cette façon, mais je sais qu'à long terme tu y arriveras. Te rappelles-tu ce que j'ai fait l'autre jour lorsque tu tirais sur la dépanneuse de ton frère? Je t'ai regardé dans les yeux et je t'ai demandé : «Tu peux prendre son jouet, mais qu'est-ce que tu vas lui prêter en échange?» C'est alors que nous lui avons donné le choix entre la bétonnière et le camion à benne. Il était tout content de cet échange et de pouvoir charger des blocs dans le camion. Je me suis dit que c'était de la magie, mais je sais que si ça a fonctionné une fois, il n'y a pas de raison pour que ça ne marche pas une autre fois.

La plupart du temps, je comprends les mots que tu dis. Toutefois, je me suis inquiété récemment, car je trouvais que tu ne prononçais pas correctement certains sons. Il me semblait que les *s* étaient émis sur le bout de la langue et que tu n'arrivais pas à faire de *r*. Heureusement, je me suis informé, et on m'a dit que la prononciation ne s'acquérait pas tout d'un coup et que ça prendrait un certain temps avant que tout devienne bien clair. Il était question de maturation des articulateurs, ce qui signifie que les muscles prennent un certain temps à se développer, que l'anatomie de la bouche va changer avec le temps et modifier ta façon de prononcer. C'est pourquoi on m'a suggéré de faire preuve de patience et de ne pas tenter de corriger ta prononciation; comme tu n'en es pas capable pour le moment, ça risquerait d'entraîner plus de frustration de part et d'autre. Par contre, à certains moments de la semaine, je peux prendre du temps pour qu'on s'amuse à prononcer des sons plus difficiles.

On m'a expliqué comment les enfants apprennent la grammaire. J'étais un peu perplexe quant à la manière dont tu arriverais à maîtriser l'emploi des pronoms. Avouons que c'est assez complexe quand on y pense : quand je te parle de moi, j'emploie le « je », mais quand je m'adresse à toi, c'est le « tu ». Pourtant, c'est tout à fait l'inverse que je voudrais que tu apprennes. Mais voilà qu'après t'avoir entendu dire « moi » pendant plusieurs mois – comme dans « Moi, i veux » –, je note que maintenant tu dis : « Moi, je veux. » J'ai compris quelque chose dernièrement : si je souhaite que tu retiennes ce petit mot, il est très important que je l'emploie également. J'ai remarqué que nous, les adultes, avec nos bonnes intentions, avons tendance à nous adresser aux enfants en employant « papa » et « maman ». C'est ce matin que je me suis entendu te dire : « Papa va se raser », comme si j'étais une troisième personne. C'est alors que je me suis rappelé qu'il fallait que je me serve des pronoms justes si je voulais que tu les connaisses. Donc, à partir de maintenant, je dirai plutôt : « *Je* vais me raser. » Pas facile de changer cette habitude et d'être assuré que tu sauras vraiment de qui je parle ; mais je suis prêt à tenter l'expérience, puisqu'on me dit que c'est la bonne manière de t'apprendre ce mot.

J'ai entre 4 et 5 ans

(◉) Vous êtes de plus en plus contents que je comprenne les histoires que nous lisons ensemble, que j'apprenne des tas de connaissances et que je commence à fréquenter des milieux où il y d'autres enfants. Permettez-moi de vous mettre en garde contre une situation que nous vivons régulièrement. J'essaie de m'exprimer de la meilleure façon possible, avec les limites auxquelles je fais face dans mes apprentissages, mais j'ai régulièrement l'impression que vous êtes insatisfaits de mes productions. Quand je parle, vous m'interrompez dans mes idées pour me demander de redire le tout d'une autre façon, ou bien vous précisez : « Ce n'est pas un... On appelle ça un... » Je sais que vous agissez de cette façon pour que j'apprenne le mieux possible, mais je reçois cela comme si vous étiez mécontents de moi. Je préférerais que vous répondiez à ce que je vous dis ou à ce que je demande, puis que vous me donniez le bon modèle de phrase ou le mot exact ensuite. J'aurais alors l'impression d'être écouté et je profiterais également de l'exemple correct.

J'ai envie de connaître mon monde. Et cela dépasse même ce que veulent dire les mots. Si vous saviez comme ça me rend curieux lorsque vous parlez entre vous à voix basse. Ce n'est pas toujours rassurant, je m'en fais beaucoup quand je ne comprends pas. Vous savez, bien que je ne saisisse pas tous les mots que vous utilisez, je me doute, par le ton que vous prenez, que c'est quelque chose qui vous préoccupe. J'ai peur que ça me concerne, que ça compromette ma vie paisible. Je n'aime pas ça. Souvent, sans que je puisse vous le dire clairement, je me sens angoissé. Ne vous méprenez pas, je ne comprends pas, mais je ressens. Soyez gentils de ne pas m'exclure de la discussion et essayez de trouver la façon simple de m'expliquer. Ne me faites pas de cachettes.

Je comprends maintenant qu'on peut parler de plusieurs personnes qui font quelque chose en même temps. J'ai remarqué que vous employez alors «on» ou «nous», et j'ai commencé à m'en servir aussi.

Plus je vieillis, plus je réalise que je parviens à vous faire comprendre mes idées par l'intermédiaire de mes phrases. Ce sont surtout celles où je réussis à mettre deux verbes qui me rendent le plus service. Les petits mots – autres que «et puis» ou, comme les enfants disent, «pis» – qui servent à relier deux bouts de phrase me sont également très utiles.

Je me débrouille aussi de mieux en mieux quand je ne suis pas compris du premier coup. Je sais que ça peut être parce que j'ai mal prononcé. Ça vous a servi à quelque chose de répéter les mots en accentuant le son à améliorer. J'ai saisi que parfois je ne choisis pas les bons sons et que ça rend le mot différent. C'est pourquoi je me permets de le répéter en essayant de le dire plus clairement. D'autres fois, quand ce moyen ne fonctionne pas et que j'ai dans ma banque de mots un autre choix, je fais un nouvel essai. Ces trucs me permettent de mieux participer aux conversations.

☺ Wow! On ne peut pas dire que tu ne sais pas comment nous raconter des histoires. Non seulement tes phrases sont plus complètes, mais j'ai remarqué que tu les attaches avec de nouveaux petits mots :

«et», «ou», «mais». Je dis «histoires», mais j'ai noté que tu parvenais aussi à relater des choses qui s'étaient passées dans des situations vécues ou vues à la télévision. Il est certain que ça manque encore de structure, tu mêles parfois la suite des événements, mais je suis certain que ce n'est qu'une question de temps. J'ai confiance que si je t'écoute et que je reformule ton récit en utilisant les petits mots que tu as acquis pour attacher tes phrases, tu parviendras à mieux organiser le tout. Tes questions, qui étaient déjà nombreuses avec l'apparition du «pourquoi?», sont maintenant plus variées, et tu es toujours aussi intéressé par la réponse. Il faut donc que je sois fidèle au poste quand tu t'adresses à moi. C'est bien ainsi que tu apprends, non?

Je ne m'attends pas à ce que ta prononciation soit parfaite, car je sais qu'il te reste encore quelques apprentissages à faire en ce sens. Mais je trouve que le fait qu'il ne te reste à maîtriser que les *ch*, les *j*, les *r* qui voisinent d'autres consonnes ainsi que quelques mots longs et compliqués te rend très facile à comprendre.

Ça paraît vraiment que tu te prépares lentement pour ton entrée à l'école. Entre autres, ton vocabulaire est de plus en plus abstrait et tu ne parles plus seulement des choses qui sont visibles. Tu sembles mieux comprendre que le temps est important et tu commences à employer des mots pour en parler, comme «hier», «l'autre fois», «demain», «quand», etc.

C'est la première fois que je note avec autant de certitude que tu deviens aussi habile à manier la forme du langage (les sons, la grammaire et les phrases) et le choix des mots que les habiletés de conversation. Tu parvenais déjà à bien regarder les gens en leur parlant, à attendre ton tour de parole, la plupart du temps (sauf quand je suis au téléphone!), à demeurer dans le sujet de conversation durant quelques échanges. Mais maintenant, j'observe plus de subtilité dans ta façon d'aborder certaines situations. Par exemple, lorsque tu désires quelque chose et que tu demandes la permission: «Est-ce que je peux ouvrir la télévision?» Ces politesses, tu les fais aussi au téléphone. Je te laisse y répondre plus souvent et je constate alors que tu maintiens un peu plus la conversation et que tu emploies les formules de politesse que je t'ai enseignées.

J'ai entre 5 et 6 ans

(☺) Je commence l'école cette année. Vous allez peut-être trouver la maison grande sans moi, mais j'avais tellement hâte d'y aller. Heureusement, grâce à vous, je me sens assez prêt à passer à cette phase. Lorsque je m'y suis rendu à la journée de préparation, au printemps, je trouvais que les gens me parlaient beaucoup. Il y avait d'abord cette dame en avant du groupe qui nous demandait d'aller nous placer à certains endroits, puis ces personnes qui sont venues à ma table me poser des tas de questions. Avec fierté, j'ai su répondre à celles concernant mon nom, mon âge, les couleurs qu'on me montrait et toutes sortes d'autres.

Comme je vais bientôt apprendre à lire et à écrire, je m'intéresse un peu plus aux sons de la langue et j'aime aussi jouer avec les mots. Je vous ai bien fait rire l'autre jour quand j'ai fait des rimes avec nos prénoms ; il me vient de plus en plus d'idées en ce sens. Je viens de comprendre ce qu'est un mot qui rime avec un autre. Au début, je comparais les mots par les syllabes du début. Pour moi « banane » et « bateau » rimaient. Vous avez bien fait de m'expliquer cela. Je sais aussi quand quelqu'un parle une autre langue, car je ne reconnais pas les sons de la mienne.

Trouvez-vous que maintenant je fais très peu d'erreurs dans mes phrases et que mes mots sont de mieux en mieux prononcés ? Vous n'êtes sûrement plus inquiets de mes *ch* et de mes *j*, puisque la plupart du temps je ne les remplace plus par des *s* et des *z*. Je m'accroche encore sur quelques mots plus longs ou compliqués, mais c'est presque déjà chose du passé.

(☺) Je constate avec grande satisfaction que ton langage ressemble à celui des adultes en ce qui concerne la prononciation, la grammaire et l'organisation de tes phrases. Il reste que tes histoires mêlent parfois la réalité et l'imaginaire, mais elles se tiennent quand même de mieux en mieux.

Comme tu apprends de nouveaux mots à l'école, il arrive parfois que tu essaies de t'en servir dans d'autres situations. Et c'est parfois inapproprié. Je fais mon possible pour ne pas me moquer de toi, même si parfois la tournure de phrase que tu utilises est très drôle. Je remets plutôt adroitement le mot dans son contexte habituel.

Je profite de cette évolution et nous pouvons maintenant converser plus facilement. Comme tu es moins à la maison et que, de retour de l'école, tu te précipites pour faire des activités qui t'ont manqué, je réserve dans notre horaire un moment quotidien juste pour parler avec toi. J'aime savoir ce que tu fais dans la journée, mais j'ai compris qu'il ne servait à rien de te matraquer de questions à ton arrivée chez nous. Il est beaucoup plus profitable de te raconter d'abord ce que moi j'ai fait. Parfois, tu enchaînes en relatant tes activités ou, d'autres fois, j'attends simplement plus tard, quand tu prends ton bain ou avant de te lire une histoire.

Ce que je découvre Ce que je demande	12 mois à...	Ce que j'apprends Ce que je fais pour toi
Je comprends de plus en plus le nom des choses qui se trouvent autour de moi. Si je n'ai pas encore commencé à le faire, je vais bientôt vous les nommer. Ne me reprenez pas quand je fais une erreur parce que ça me met mal à l'aise. Intégrez plutôt subtilement le mot dans une phrase en l'accentuant légèrement, ça devrait fonctionner après quelques essais. Soyez attentifs à ce que je regarde ou à ce qui se passe, car j'emploie le même mot dans plusieurs sens. Avec «bébé», je peux vouloir vous montrer un bébé qui passe, vous dire que c'est un objet qui m'appartient ou autre chose encore.	12 mois à...	Je pense encore plus à te nommer les choses de ton quotidien : les parties de ton corps, les objets autour de nous, les actions qui se passent ou que nous faisons. C'est comme si je te mettais dans un bain de langage. Je t'entoure de tout ce que je trouve : blocs à empiler, ballons mous, jouets flottants (récipients de plastique), etc. J'ai aussi commencé à te présenter des livres. Je te lis les mêmes histoires à répétition, car tu ne sembles pas t'en lasser. Je te laisse explorer en m'assurant que ton environnement est sécuritaire.

Ce que je découvre Ce que je demande		Ce que j'apprends Ce que je fais pour toi
J'ai acquis la permanence de l'objet. Cette habileté fait en sorte que si un objet disparaît de ma vue, je cherche à le retrouver. Cela va me permettre d'apprendre et de retenir les mots. Je montre souvent du doigt pour indiquer ce que je veux.	**15 mois à...**	Je fais travailler ton écoute et tes connaissances en te demandant d'aller chercher des objets qui ne sont pas dans la pièce où nous sommes. Lorsque tu me montres quelque chose, je pense à le nommer pour toi. Je formule des hypothèses, comme : «C'est un...», ou bien «Tu veux le...», selon ton expression.
J'aime beaucoup savoir ce que nous ferons dans la journée et où nous irons. Je ne comprends pas tout, mais j'en retiens de petits bouts, juste assez pour me situer et me rassurer. Lorsque nous revenons et que nous reparlons de ce qui s'est passé, ça me dit vraiment quelque chose.	**18 mois à...**	Ce que tu dis n'est pas toujours clair pour moi, mais je tente de répéter le ou les mots que j'ai compris. Lorsque nous allons à un endroit, je t'y prépare, je t'en parle sur place et, de retour à la maison, je reviens sur ce que nous avons fait. Je tente de t'aider à comprendre les situations et à faire des liens avec le sens de ce qui t'est dit. J'essaie de te faire rire en faisant des erreurs volontaires. Ça te stimule aussi à nommer les choses, à dire ce qui n'est pas correct.
Vous pensez sûrement que je dis «non» pour être désagréable ou pour m'opposer. En fait, ça signifie que je veux faire valoir mes propres idées. Je souhaite que vous vous rendiez compte que je peux faire certaines choses par moi-même. Ne soyez ni offusqués ni fâchés, et surtout ne riez pas de moi si je me trompe en appelant les autres hommes «papa». Je n'ai pas encore de vocabulaire pour tout !	**24 mois à...**	J'essaie de remplacer «papa» par «je» quand je te parle de moi et d'employer «tu» au lieu de ton prénom quand je m'adresse à toi. Je prends un peu de temps pour te montrer des jeux simples. Je tente de ne pas te demander de faire des démonstrations de ce que tu sais devant les gens.

Ce que je découvre Ce que je demande		Ce que j'apprends Ce que je fais pour toi
Essayez d'écouter ce que je veux dire plutôt que la manière dont je le dis. Je dois faire plusieurs essais avant de réussir quelque chose. Soyez patients, laissez-moi m'entraîner.	**30 mois à...**	Je réponds le plus possible à tes nombreuses questions, dont les fameux «quoi ça?». J'essaie de te laisser faire des choses par toi-même. Quand nous n'avons pas le temps, je te l'explique. Même si tu t'opposes, je me console en me disant que bientôt tu comprendras.
Lorsque vous m'expliquez quelque chose, employez des phrases simples, peu nombreuses et placez-les les unes à la suite des autres. Ne me mêlez pas en utilisant des «avant de» ou «après avoir fait», je n'arrive pas à comprendre tout cela. Vous remarquerez bientôt que pour vous parler de moi, j'utiliserai «je» à la place de «moi». Lorsque j'hésite – souvent au début de mes phrases –, ne faites rien d'autre que d'attendre que j'aie fini de parler. Écoutez-moi bien sans m'interrompre, ça devrait passer tout seul.	**36 mois à...**	Je te parle maintenant plus souvent en fonction du temps – «hier», «demain», «cette semaine» – car je veux t'aider à comprendre ces mots. J'ai beaucoup de mal à te parler en employant le «je». Il me semble que tu comprends mieux si nous te disons «Maman va...» ou «Papa peut...». Mais je sais que si je veux que tu apprennes tes pronoms, nous devons nous efforcer de dire «je» ou «tu» lorsque nous nous adressons à toi.
Ne vous attendez pas à ce que je prononce clairement tous les mots. Remarquez plutôt comme je m'explique mieux et comme je maîtrise les éléments de grammaire.	**48 mois à...**	Tu poses énormément de questions auxquelles je tente de répondre, dont le «pourquoi?». Mais quand je ne connais pas la réponse ou que je trouve que c'est assez (parce qu'avec toi c'est parfois «le pourquoi du pourquoi»), je te retourne la question et je te demande ce que toi tu en penses.

Ce que je découvre Ce que je demande		Ce que j'apprends Ce que je fais pour toi
		J'essaie d'être un bon partenaire de communication en t'écoutant bien et en conversant avec toi. Je te propose des sujets variés, je te pose des questions pour te démontrer que je suis intéressé par ce que tu fais et ce qui t'arrive. J'essaie de ne pas te faire répéter quand tes sons ne sont pas prononcés de la bonne manière.
Mes phrases sont maintenant longues et peuvent expliquer des événements qui sont survenus. Je peux aussi raconter des histoires, dont certaines sont imaginaires. Entrez parfois dans mon jeu, mais ne me laissez pas toujours faire : je dois apprendre à démêler le vrai du faux.	**60 mois**	Comme j'ai constaté que tu n'aimes pas toujours les questions à n'en plus finir, je te parle de moi, de ce que je fais ou de ce qui m'arrive. Je t'expose aussi de petits problèmes que j'ai eus et les solutions que j'ai trouvées, afin de te donner des idées quand tu connaîtras ces situations à ton tour.

Déjà l'école : mon enfant est-il prêt ?

Votre bébé a bien grandi. Il a développé une foule d'habiletés qui lui permettent de se déplacer, de bouger pour jouer ou faire du sport de manière plus adroite, de se servir de sa motricité fine avec assez de dextérité et de communiquer efficacement la plupart du temps. Le moment où l'enfant commence l'école coïncide habituellement avec celui où le langage est assez bien installé chez lui.

Vous aimeriez sans doute savoir avec précision ce qu'il doit avoir dans son bagage pour que son passage à l'école se fasse le plus harmonieusement possible. Tous ne s'entendent pas sur le sujet. Certaines personnes croient que l'enfant apprendra à la maternelle tout ce dont il a besoin pour faire la transition vers la première année, là où se dessinent les grands enjeux de lecture et d'écriture. D'autres pensent plutôt qu'il doit arriver à la maternelle avec un bon bagage, qui lui permettra de profiter plus facilement de toutes les autres connaissances qui lui seront transmises.

Nous avons vu que dès la naissance, nous guidons notre enfant afin de l'aider à solidifier les fondations d'une structure, de sorte que s'ajoutent, au fur et à mesure des années, des connaissances linguistiques ou intellectuelles. Au moment où l'on planifie la venue d'un enfant et où l'on décide de lui donner une bonne éducation, on ne pense pas nécessairement au fait qu'il faudra faire quelque chose de particulier pour le préparer à l'école. À moins que nous n'ayons eu des difficultés particulières, nous nous souvenons rarement que nos parents aient pris des dispositions particulières en vue de notre entrée à la maternelle.

Et pourtant, tout ce que nous apportons à notre enfant au cours des premières années de sa vie fera en sorte de rendre ce moment plus plaisant, plus enrichissant et plus intéressant. Voici plusieurs avantages qui peuvent faire une différence dans la vie scolaire de l'enfant si sa préparation a été favorable.

- L'enfant bénéficiera encore plus de ce que l'école lui apportera de nouveau s'il a de bonnes bases sur lesquelles poser ce qu'il apprend et si son langage est suffisamment développé.

- Il sera plus en mesure d'écouter et de comprendre ce qui s'y dit si on lui a déjà lu des livres et s'il possède quelques connaissances de base : les couleurs, les chiffres, la notion du temps, etc.

- Le langage de la maison concerne ce qui est proche de l'enfant, soit sa maison et sa famille. À l'école, il entendra parler de sujets qui ne sont pas nécessairement liés à ce qui se passe dans la classe ou qui ne font pas forcément partie de son expérience. Il sera plus facile pour lui de suivre ce qui s'y dit si on lui a déjà parlé de choses qui se déroulent en dehors de son milieu familial : des expériences comme aller au parc, dans une autre ville, au zoo, faire des courses, etc.

- L'enfant qui aura été habitué à être attentif à ce qui se dit autour de lui aura moins de difficulté à écouter les informations, les paroles des autres et les consignes. Il comprendra également que lorsque quelqu'un parle et s'adresse au groupe, il est aussi concerné par ces propos. L'enfant devrait avoir été habitué à converser, à écouter des adultes parler entre eux et à accepter d'attendre son tour pour intervenir.

- L'enfant à qui on aura fait vivre des expériences variées en dehors de la maison ou qui aura déjà rencontré des gens moins familiers aura plus de facilité à entrer en contact avec de nouvelles personnes. Il sera plus en mesure de saisir que les autres n'ont pas nécessairement le même vécu que lui et qu'il doit leur donner les informations nécessaires pour qu'ils comprennent ce qu'il dit (voir la rubrique «Les règles de l'échange ou de la conversation», page 41).

- Il sera plus facile pour lui de comprendre en classe s'il possède déjà un vocabulaire assez élaboré. Il ne perdra pas de temps à se questionner sur le sens des mots et pourra même en acquérir plus facilement de nouveaux.

- L'enfant sera plus détendu et plus enclin à apprendre s'il possède déjà le langage qu'on parle en classe, s'il l'a déjà entendu et si on l'a habitué à écouter des phrases longues et complexes, et pas uniquement des phrases courtes, répétées plusieurs fois pour s'assurer qu'il comprenne. L'habitude d'écoute développée par les livres d'histoire joue un rôle prépondérant.

- Au même titre que pour apprendre le langage parlé l'enfant doit avoir des besoins et des intentions, il aura plus d'intérêt à apprendre le langage écrit s'il a vu ses parents s'en servir, que ce soit pour lire ou pour écrire.

- Finalement, plus on lui aura montré les diverses facettes de la communication dans la vie quotidienne tout en lui faisant vivre des expériences variées en dehors de la maison, plus il aura de facilité à s'intégrer à ce nouveau milieu qu'est l'école.

Voyons de façon schématique ce que comporte le passage de la maison à l'école.

Langage en lien avec le contexte	⇒	Langage touchant des choses en dehors du contexte
Langage s'adressant directement à l'enfant	⇒	Langage s'adressant à un groupe
Vécu partagé important	⇒	Nouvelles expériences
Temps nécessaire pour faire les choses	⇒	Temps morcelé selon les activités

Vocabulaire familier ⇒ Vocabulaire concret moins familier ⇒ Vocabulaire abstrait

Syntaxe simplifiée par le parent ⇒ Syntaxe plus complexe ⇒ Concision des informations

Langage parlé ⇒ Début du langage écrit ⇒ Langage écrit

Langage direct (explicite) ⇒ Langage demandant des déductions (implicite)

Préparer l'entrée à l'école

Pour chaque niveau scolaire, il existe un programme qui décrit ce que l'enfant devrait acquérir ou développer au cours de son année. La maternelle n'y échappe pas. Son programme actuel est constitué d'objectifs axés sur les éléments suivants :

- les cinq sens ;
- la motricité fine et globale ;
- le développement affectif : se connaître, exprimer ses sentiments, être autonome et responsable ;
- le développement social : suivre des règles de jeux, respecter les règles de la classe et celles qui permettent d'entrer en contact avec les autres d'une manière polie et agréable, coopérer dans les activités ;

- le développement intellectuel : les notions de temps, d'espace, les jeux qui permettent de comprendre les notions mathématiques ainsi que les sciences et technologies ;
- le développement du langage. À l'oral, les seules exigences précisées concernent la capacité de respecter la structure des histoires (début, milieu, fin) et le temps des verbes, et de participer à des jeux qui font appel au langage (comme le jeu du téléphone). L'autre grande partie des objectifs vise à développer les bases du langage écrit.

On constate donc que le programme de la maternelle tient pour acquis que le langage parlé doit être suffisamment complet et complexe pour que l'enfant puisse dès le départ s'impliquer dans sa vie de classe. Non seulement on s'attend à ce que le langage lui permette d'entrer en communication avec les autres enfants et son enseignant en faisant de vrais dialogues, mais aussi à ce qu'il soit capable d'une bonne écoute lorsque l'enseignant transmet des informations visant à donner des consignes ou à enseigner des notions nouvelles.

Par ailleurs, la transition de la maison à l'école et l'adaptation de l'enfant seront plus faciles si ce dernier a déjà été habitué à certaines routines et qu'on lui a montré à s'arrêter quand vient le temps de passer à autre chose, par exemple si on lui a expliqué qu'il doit mettre de côté son dessin, son jeu, sa construction ou son émission de télévision parce que c'est l'heure de passer à table ou d'aller prendre son bain. De plus, si, au cours de ses premières années, on lui a enseigné les notions du temps (matin, midi, soir, nuit) et qu'on lui a inculqué une routine (un temps pour manger, un pour la sieste, un pour la télé, un pour les repas, un pour se préparer à aller au lit et un pour dormir), l'enfant ne sera pas dépaysé lorsqu'il devra respecter les blocs horaires ou les ateliers de la maternelle.

Chaque matin, les enfants sont invités à partager leurs expériences à travers les échanges informels. Cette activité fait appel à tout ce que l'enfant aura développé comme habileté pour raconter, décrire et expliquer. Dans certains ateliers, il entre en relation avec ses pairs et se doit de maîtriser suffisamment son langage pour pouvoir échanger, négocier et participer aux jeux de rôle (le coin du médecin ou du vétérinaire, la cuisinette, la maisonnette, etc.).

Le volet réceptif, soit la compréhension, s'avère tout aussi important. Pour que l'enfant entre en communication avec les autres et réussisse son échange, il se doit d'être à l'écoute, d'avoir une bonne idée des demandes tant verbales que non verbales et de comprendre la situation. Les situations vécues dans les échanges informels du matin et les ateliers mentionnés précédemment sont un exemple de situation où la compréhension entre également en jeu.

La maternelle est aussi l'occasion de mettre l'enfant en contact avec différents types de livres et de lui faire écouter une histoire qui, contrairement à l'expérience vécue à la maison, s'adresse à tout un groupe, et non plus seulement à lui. Par conséquent, il n'est plus le seul à répondre aux questions et à intervenir, il doit apprendre à céder son tour de temps à autre. Il lui faut aussi écouter les interventions de ses pairs, et non seulement celles de son enseignant dans un contexte de groupe.

Au fur et à mesure de l'année, diverses activités visent à faire connaître à l'enfant l'autre dimension du langage : l'écrit. Il apprend que ce moyen sert aussi à communiquer, soit pour s'exprimer, soit pour comprendre. Pour mettre l'enfant en contact avec le langage écrit, on emploie les histoires, on lui montre des comptines afin de susciter chez lui l'écoute des sons qui riment, on fait des jeux avec les mots et on met en place des activités dont le but est de comprendre la composition des mots (le nombre de syllabes, les consonnes et les voyelles qui les composent). Ces activités nécessitent que le langage parlé soit suffisamment développé. La capacité de réussir plus facilement en lecture est intimement liée à ces habiletés.

L'enfant qui arrive à la maternelle avec un bagage de langage assez solide entrera plus facilement en contact avec ses pairs et son enseignant, profitera encore plus des nouvelles connaissances qui lui seront enseignées et sera mieux préparé pour aborder l'initiation au langage écrit.

Et quand le voyage ne se déroule pas comme prévu

Notre petit explorateur nous a bien expliqué ce qui devait se passer pour lui au fil des mois et des années. Pour beaucoup d'enfants, la communication se développe de cette façon, progressivement, sans obstacles, au contact des personnes de leur entourage qui parlent avec eux. Pour plusieurs autres, le parcours qui mène à une communication efficace est plus laborieux et demande l'aide d'un orthophoniste. Pour les parents, il n'est pas toujours facile de reconnaître la nécessité et la pertinence d'un tel suivi.

En m'adressant à vous par le biais de ce livre, mon intention première était de vous aider à suivre avec plus de plaisir le parcours de votre enfant, mais au gré des discussions que j'ai eues avec plusieurs personnes, le besoin de savoir ce qui justifie une consultation en orthophonie est devenu incontournable. J'ai donc cru bon de vous transmettre, d'une manière simplifiée mais rigoureuse, des façons simples et claires de faire certaines observations, d'établir ce qui chez votre enfant devrait être amélioré et de formuler quelques pistes pour tenter d'intervenir, sans toutefois entrer dans la planification d'un suivi. Vous ne trouverez pas ici de définitions détaillées et complètes des divers problèmes de langage et de communication : ce n'est pas le but de ce livre. Les ordres professionnels et les regroupements qui se sont formés pour soutenir les parents et les enfants touchés par ces problèmes spécifiques ont travaillé à produire des documents explicatifs de qualité qui vous renseigneront sur les définitions et les causes, et vous donneront des suggestions pour intervenir auprès de l'enfant. Je vous invite donc à chercher les informations dont vous aurez besoin au sein de ces associations. Sachez que pour les problèmes plus importants, trouver du soutien et des propositions pour aider un enfant ne remplace en rien une consultation orthophonique. Alors, si vous devez consulter, j'espère que les indications qui suivent vous guideront et vous permettront d'avoir une idée plus nette des enjeux qui concernent votre enfant dans son suivi.

Facteurs de risque

Compte tenu de la complexité de l'humain et de son petit – en particulier de son développement, qui répond à tellement de variantes –, il est facilement compréhensible que l'évaluation des besoins pour remédier à un problème de communication soit spécifique à chacun. De plus, on peut aisément en déduire que le suivi doit être personnalisé de manière à s'adapter à chaque enfant ainsi qu'à sa situation familiale et environnementale. Toutefois, s'il est une constante dont je peux vous faire part ici, c'est la nature des préoccupations des parents qui me questionnent au sujet des difficultés de leur enfant d'âge préscolaire. Je partage donc avec vous quelques demandes types qui pourraient vous guider dans votre questionnement. En voyant comment les parents évoquent leurs préoccupations, vous reconnaîtrez peut-être les vôtres.

Mon enfant :

- ne veut pas parler ;
- n'est pas intéressé à parler ;
- ne parle pas clairement ;
- est difficile à comprendre ;
- a commencé à parler tard ;

- ne fait pas encore de phrases;
- ne fait pas beaucoup de phrases pour son âge;
- semble en retard (comparativement à un autre enfant);
- coupe ses mots;
- mange ses mots;
- cherche ses mots;
- est difficile à suivre quand il raconte quelque chose;
- parle sur le bout de la langue, zézaie ou prononce mal ses *s*;
- hésite en parlant;
- a commencé à bégayer;
- perd souvent la voix, et l'otorhinolaryngologiste m'a conseillé de consulter.

On constate que les inquiétudes formulées concernent plus souvent l'aspect expressif et la parole que l'aspect réceptif du langage. Il est normal qu'on se rende compte plus facilement des particularités de l'expression du langage, car c'est ce qui paraît immédiatement quand on s'adresse à quelqu'un. On entend facilement les hésitations, la voix enrouée, les sons qui sonnent mal ou bien; on constate rapidement l'imprécision de son vocabulaire, les mauvaises structures de ses phrases ou son manque d'habileté pour s'adapter à celui à qui il s'adresse.

Par contre, les difficultés auxquelles l'enfant se heurte dans son langage réceptif – sa compréhension – sont souvent attribuées à toutes sortes d'explications. On a tendance à interpréter ces problèmes de la façon suivante:

Mon enfant:

- n'est pas très intéressé par le langage;
- est plutôt moteur, sportif;
- fait toujours à sa tête;
- n'écoute pas quand on lui parle;
- est distrait, manque d'attention;
- se fâche quand on ne le comprend pas.

La compréhension dépend de plusieurs facteurs – l'attention, la concentration, l'intérêt, le contexte dans lequel la conversation a lieu – qui se superposent aux mots qui sont dits. De plus, les indices non verbaux et le fait que le sujet dont on parle soit présent ou non influencent grandement le langage réceptif. C'est pourquoi il est si difficile d'évaluer la compréhension de l'enfant. Ainsi, bien que nous ayons parfois l'impression qu'il a compris ce qu'on lui a dit ou demandé, c'est plutôt qu'il a réussi à déchiffrer ou à interpréter les divers indices que nous lui avions donnés, souvent sans nous en rendre compte. Ces indices peuvent être liés à une routine ou non. Si, par exemple, vous allez dans la chambre de l'enfant chercher son pyjama, que vous faites couler un bain, et qu'ensuite vous lui dites : « Viens prendre ton bain », vous conviendrez que si vous n'aviez pas dit un mot et que vous lui aviez seulement fait un signe, le résultat aurait été identique. De même, si vous vous préparez à sortir, que vous lui mettez son manteau et que vous commencez à remonter sa fermeture éclair en lui disant : « Attache ton manteau », il devient très simple pour lui, en se fiant aux indices de la situation, de faire comme s'il comprenait les mots. C'est pourquoi nous ne disons pas que l'enfant comprend dans ces exemples, le résultat attendu est presque uniquement lié au contexte.

Pour évaluer si un enfant comprend vraiment certains mots, concepts ou phrases, il faut détacher ces mots du contexte, ne donner aucun indice autre et lui demander des choses qui ne sont ni évidentes ni automatiques. Par exemple, si je donne une poupée et un biberon à un enfant, la probabilité qu'il fasse boire le bébé est très élevée. Je ne peux dire avec certitude que la phrase « Fais boire le bébé » est bien comprise. Par contre, si je lui demande : « Mets le biberon sous le bébé », je pourrai vraiment vérifier s'il a ou non compris, car il n'a pas l'habitude de faire ce geste avec les objets que je lui ai fournis. Sans entrer dans les détails du processus complexe de l'évaluation, laissez-moi vous donner une idée des aspects que nous devons examiner lorsque nous procédons à une évaluation de la compréhension du langage :

- des mots concrets («Donne-moi la pomme»);
- des mots abstraits («Montre-moi la tristesse», en donnant un choix d'images);
- des notions liées au langage («Montre-moi le bleu»);
- des informations soutenues par les nuances de la grammaire («Le garçon mange*ait*»);
- des phrases courtes («Le chat boit»), des phrases plus longues et plus complexes («Lorsque l'auto s'est éloignée, le garçon s'est assis sur le bord du trottoir»), des phrases affirmatives, négatives, interrogatives, etc.;
- des paragraphes et des histoires;
- des indices conversationnels.

Je rappelle que la compréhension dépend aussi grandement des connaissances, des habitudes d'écoute, de l'attention et de la concentration. Dans les cas où l'on soupçonne que l'enfant présente des difficultés sur le plan réceptif, il faut donc un peu plus que des observations sommaires pour parvenir à s'en faire une idée juste. C'est pourquoi je fais de nouveau appel à la prudence lorsque vous avez des inquiétudes concernant le développement du langage de votre enfant.

Afin de vous orienter plus aisément au sujet d'un possible retard ou d'un trouble chez votre enfant, je vous propose de séparer les problèmes en deux catégories: ceux qui touchent la parole – l'aspect plus mécanique et souvent plus apparent de la communication – et ceux qui affectent le langage – l'organisation en mots et en phrases de nos idées.

Les problèmes de parole

La voix

En cours de développement, certains enfants connaîtront des problèmes qui affecteront leur voix. En les écoutant parler, nous avons l'impression qu'ils sont enrhumés, qu'ils ont une «grosse voix» ou qu'ils vont la perdre tellement elle est éteinte. Les infections des voies respiratoires supérieures combinées à des mauvaises habitudes d'utilisation de la voix peuvent souvent expliquer la présence de telles difficultés.

Cette situation peut être temporaire et occasionnelle. Elle survient souvent à la suite d'un rhume important entraînant l'inflammation des cordes vocales ou d'un effort trop important des cordes vocales, par exemple après avoir beaucoup crié dans une activité sportive. La première démarche à faire est de consulter un médecin ORL (otorhino-laryngologiste). Par la suite, un orthophoniste pourra vous donner des conseils pour aider à protéger la voix de votre petit.

L'articulation

On dit qu'un enfant présente un retard ou un trouble d'articulation lorsqu'une erreur constante affecte un ou quelques sons. Cela se produit parce que l'exécution du mouvement qu'exige la réalisation des sons est incorrecte, en présence ou non d'une malformation d'un des organes nécessaires à la production de ces sons.

La fluidité

On dira que l'enfant manifeste un trouble de la fluidité ou un bégaiement lorsque le rythme de sa parole est brisé. Il est toujours inquiétant de constater que notre enfant hésite en parlant, qu'il répète des syllabes ou des mots. Le bégaiement apparaît entre 2 et 5 ans, mais il faut se garder de s'inquiéter dès que surviennent les premières hésitations, car certaines manifestations de la parole peuvent être considérées comme normales. Au cours du développement de son langage, l'enfant traverse certaines étapes plus complexes qui rendent plus fragile l'équilibre déjà précaire entre les diverses composantes. Au même moment, il apprend de nouveaux sons et les associe pour former des mots de plus en plus longs, il maîtrise de nouveaux mots, des éléments de grammaire et fait des phrases mieux structurées pour tenter de communiquer le plus efficacement possible avec les autres. Ce programme très chargé peut entraîner quelques défaillances occasionnelles qui se reflètent dans la parole : l'enfant se met à répéter le début de ses mots ou de ses phrases. La dysfluidité peut survenir au cours de la période préscolaire.

Il est important de distinguer ce qui est normal chez l'enfant de ce qui mérite qu'on se questionne et qu'on consulte. Si le phénomène de répétition du début des mots ou des phrases persiste au-delà de six mois, que l'on note autre chose que des répétitions (comme «moi moi moi» ou «je je je»), par exemple des prolongements de sons, des blocages, des grimaces faciales ou des gestes associés au moment de produire le mot (comme pour le «faire sortir»), ou encore que l'enfant semble mal à l'aise de parler et même qu'il le mentionne, il est conseillé de voir un orthophoniste. En effet, plus on consultera tôt, plus les résultats de l'intervention permettront à l'enfant de vivre des expériences de communication riches et harmonieuses.

Les problèmes de langage

Certains jours où nous sommes plus fatigués, il nous arrive tous d'avoir de la difficulté à organiser notre pensée, et ce, même si nous sommes censés avoir la pleine maîtrise de notre langage. Imaginons ce que cela peut être pour l'enfant en cours d'apprentissage. Au départ, l'expression des idées chez lui fait appel à plusieurs composantes qui ne parviennent pas toujours à des niveaux d'évolution semblables au même moment. C'est pourquoi il peut présenter des retards ou des inégalités dans certains aspects de son langage.

Voici certains facteurs qui mettent l'enfant à risque de développer des difficultés sur le plan de la communication:

- petit poids à la naissance;
- prématurité (moins de 37 semaines);
- manque d'oxygène à la naissance;
- hérédité (troubles de la parole, du langage ou d'apprentissage dans la famille);
- troubles d'audition dans la famille;
- exposition à des drogues ou à l'alcool pendant la grossesse;
- otites moyennes à répétition (particulièrement entre la naissance et 18 mois).

L'apprentissage des sons nécessaires au langage (forme)

Chez certains enfants, l'acquisition des sons peut s'avérer laborieuse. Il faut toutefois noter que la simplification des mots et le remplacement de sons par d'autres font partie du processus normal de l'évolution du tout-petit. Cependant, certains enfants semblent avoir de la difficulté à se défaire des habitudes qu'ils ont prises et continuent, au-delà de la période normale, à prononcer les mots de façon simplifiée. Comme je le disais précédemment, je crois important, dans une certaine mesure, de vous fournir des balises qui vous permettront de savoir si vous devez entreprendre des démarches en orthophonie ou non. En ce sens, vous devriez consulter si votre enfant ne peut se départir de certaines transformations spécifiques au-delà des âges mentionnés ci-dessous.

- Réduction du nombre de syllabes : 3 1/2 ans pour les mots de trois syllabes (qui deviennent des mots d'une ou deux syllabes) et 4 1/2 ans pour les mots de plusieurs syllabes (qui deviennent des mots de trois syllabes). Exemple : «téléphone» est prononcé «téphone» ; «éléphant» : «phant» ou «éphant».

- Chute des consonnes finales des mots : 3 1/2 ans. Exemple : «va*che*» est prononcé «va» ; sou*pe* : «sou» ; caro*tte* : «caro».

- Antériorisation des vélaires : 4 ans.
  Exemple : transformation de «*c*amion» en «*t*amion».

- Occlusion des fricatives (remplacement d'un ou plusieurs sons du groupe des sons qui s'allongent, soit *f, v, s, z, ch* et *j* par *t* et *d* : 3 1/2 ans.
  Exemple : «*s*avon» devient «*t*avon» ; «*ch*at» : «*t*a» ; «*f*ille» : «*t*ille» (ou même «*p*ille») ; *j*ouer : «*d*ouer».

- Antériorisation des fricatives (c'est-à-dire parler sur le bout de la langue, zozoter ou zézayer) : au cours de l'année de l'école maternelle.
  Exemple : «*ch*at» devient «*s*a» ; «a*ch*ète» : «a*s*ète» ; «*j*ouer» : «*z*ouer» ; «*ch*aise» : «*s*aise».

- Assimilation (tentative de rapprochement des manières d'articuler): 4 1/2 ans. Exemple: «*noir*», «*doigt*» et «*l*unettes» deviennent respectivement «*moir*», «*boigt*» et «*nunettes*».
- Plusieurs transformations simultanées.
  Exemple: «téléphone» devient «tétone» (réduction du nombre de syllabes et occlusion de la fricative *f*); «vache» peut devenir «da» (occlusion de la fricative et chute de la consonne finale).

L'apprentissage des éléments de grammaire et de structure de la phrase (forme)

Comme nous l'avons vu, la grammaire et la structure de phrases prennent plusieurs années à être maîtrisées et à devenir semblables aux formes produites par les adultes. Il va sans dire que nous ne pouvons détailler précisément tous les types de phrases qui pourraient être des indicateurs d'un problème éventuel. Toutefois, le «Tableau des phases de développement du langage et de la communication» (page 233) met en évidence les mots de grammaire, les modifications qu'on devrait trouver dans la phrase (féminin-masculin, singulier-pluriel, temps des verbes, etc.) et les types de phrases attendus en fonction des âges. Je vous invite à y jeter un coup d'œil de manière à comparer ces informations avec les productions de votre enfant.

L'apprentissage des mots justes et des notions (contenu)

Au même titre que les autres développements, celui du contenu devrait être envisagé selon un processus continu. Une fois une étape complétée, bien consolidée, le développement suivant peut s'y greffer, et ainsi de suite. L'enfant dont l'évolution ne suit pas ces étapes reste souvent avec des lacunes qui peuvent ressembler aux descriptions suivantes. L'enfant:

- emploie beaucoup de mots passe-partout – «choses», «affaires», «trucs» – plutôt que le mot précis;
- utilise un mot qui pourrait être un synonyme au lieu du mot précis (par exemple, un «verre de café» plutôt qu'une «tasse»);

- fait de longs détours pour expliquer quelque chose plutôt que de dire les mots justes;
- hésite beaucoup en parlant. Il ne s'agit pas d'un bégaiement: il ne répète pas nécessairement un son, ne bute pas, ne bloque pas. On a plutôt l'impression qu'il cherche constamment ses mots.

L'apprentissage des règles de la communication (utilisation)

Le bébé devrait dès sa naissance ressentir le besoin de communiquer. Ses tentatives d'entrer en contact avec les autres par ses pleurs, ses sourires et son regard, puis, éventuellement, par des sons et des mots le prouvent. Ce besoin quasi vital, soutenu par ses parents, l'amènera à acquérir une forme d'indépendance et à développer l'usage des mots, lesquels prendront éventuellement la forme de phrases. Cela peut expliquer pourquoi il ressent rapidement le besoin de se détacher de ses parents pour aller explorer. Si le bébé ne démontre pas cet intérêt, il y a sûrement lieu de se questionner.

Éléments à observer

Je ne peux m'empêcher de faire un rappel sur le fait que les grilles de développement que je vous propose doivent être utilisées avec grande prudence. Elles résument ce qui est *généralement* manifesté par une majorité d'enfants. Ces grilles ne dévoilent que certains éléments d'observation qui pourraient vous mettre sur la piste de possibles retards ou troubles. Plutôt que des éléments chronologiques, elles mettent en évidence des comportements communicatifs que devrait manifester votre enfant à des âges différents. Si ce dernier montre un ou des comportements parmi ceux-ci, je vous invite à consulter un orthophoniste, qui pourra établir avec vous le réel portrait de votre enfant.

Il se peut que vous hésitiez à consulter, si vous êtes incertain de vos observations. De plus, vous pourriez ressentir un peu de culpabilité à la suite de ce qui pourrait survenir si votre enfant présentait un trouble. Pour ma part, je vous invite à ne pas craindre de consulter. Quel que soit le problème que pourrait présenter votre enfant, plus tôt commencera une intervention, plus grandes seront ses chances d'évoluer. Gardez toujours en tête que rien ne sert de sauter aux conclusions avant d'avoir obtenu l'avis d'un professionnel.

Entre la naissance et 6 mois

Votre bébé :

- ne manifeste pas ses inconforts (faim, douleur, couche sale) par des pleurs ;
- ne semble pas intéressé par votre visage ;
- n'a pas commencé à sourire, ni à vous ni à quiconque de l'entourage ;
- est très difficile à consoler, même si vous le prenez dans vos bras ou le caressez ;
- ne suit pas vos déplacements dans la pièce ;
- ne suit pas vos yeux quand vous regardez un objet près de lui ou dans la pièce ;
- ne semble pas s'amuser devant un miroir, avec les jouets bruyants (les hochets entre autres) ou avec les objets qui bougent devant lui ;
- n'a pas commencé à faire des sons qui ressemblent à des voyelles et à des consonnes dans la gorge (*arheu*, *g-g-g*) quand vous le changez, quand vous lui souriez ou quand il se réveille ;
- ou bien a commencé à produire ces sons, puis a cessé de le faire ;
- n'a pas commencé à faire des semblants de conversations avec les adultes (il fait des sons, se tait, attend une réponse, et si on lui répond, recommence une série de sons).

Entre 6 et 12 mois

Votre bébé :

- ne manifeste pas d'intérêt particulier à être avec des gens ;
- ne fait pas beaucoup de sons et s'il en fait, ce ne sont pas des syllabes ;

- ses syllabes n'évoluent pas vers du babillage – lequel est habituellement abondant à la fin de la première année;
- n'essaie pas de communiquer avec des gestes (montrer des objets avec sa main ou faire «bye-bye»);
- n'est pas intéressé par des jeux de «Coucou!» ou lorsqu'on lui cache des objets, ne les cherche pas;
- ne rit pas;
- vers la fin de cette période, ne semble pas comprendre quand on lui demande de donner des objets sans lui donner d'indices visuels (regarder en direction de l'objet ou le montrer du doigt);
- présente certaines difficultés à bouger ses lèvres et sa langue, entraînant ainsi des difficultés pour boire et manger.

Entre 12 et 18 mois

Votre enfant:

- ne semble pas démontrer d'intérêt à entrer en contact avec d'autres personnes;
- ne répond pas aux demandes d'aller chercher des objets ou de montrer quelques parties de son corps à votre demande;
- ne réagit pas à son prénom, ne semble pas le reconnaître;
- ne tente pas d'imiter des mots, même maladroitement, ou des bruits d'animaux;
- ne babille pas abondamment;
- n'essaie pas d'entamer des semblants de conversations avec l'adulte;
- ne semble pas intéressé à jouer et encore moins lorsqu'il est seul. Il ne semble pas curieux de se servir des objets pour faire semblant, pour les emboîter ou les mettre l'un dans l'autre.

Entre 18 mois et 2 ans

Votre enfant :

- ne semble pas intéressé par ce que vous lui présentez pour jouer (objets à empiler, à mettre l'un dans l'autre, jouets musicaux, jouets à actionner, à rouler, livres, etc.) ;
- ne tente pas de prendre la parole à tour de rôle avec une personne qui parle et lui répond ;
- ne fait pas de gestes pour indiquer certains de ses besoins (demander que l'adulte fasse quelque chose pour lui, indiquer que sa couche doit être changée ou qu'il désire aller à la toilette) ;
- n'essaie pas d'imiter les activités que vous faites (balayer, essuyer un comptoir, plier des vêtements, etc.) ;
- ne répond pas à des consignes simples, données sans gestes, avec des objets usuels et dans des situations connues (« Va chercher ton pyjama ») ;
- n'a pas commencé à dire des mots, ou en dit très peu, et ne démontre pas d'intérêt pour en apprendre de nouveaux.

Entre 2 ans et 2 1/2 ans

Votre enfant :

- n'a pas commencé à faire de phrases ;
- ne joue pas beaucoup et s'il le fait, joue très peu longtemps ;
- ne tente pas d'entrer en communication avec d'autres enfants ;
- joue mais d'une façon inhabituelle, en faisant des mouvements répétitifs, peut-être accompagnés d'un regard fixe sur l'objet qu'il manipule (par exemple, il avance et recule un train pendant de longues minutes et ne varie pas ses jeux) ;
- ne montre pas des images dans un livre ;
- ne répond pas à des consignes d'aller chercher des choses dans une autre pièce ;

- ne colle pas deux mots ensemble, s'exprime toujours avec un mot à la fois;
- ne s'oppose pas, verbalement ou non; le «non» n'est pas apparu;
- crie et s'oppose abondamment, mais ne parle pas beaucoup;
- n'accepte pas les refus, fait régulièrement des crises et ne parle pas beaucoup.

Entre 2 1/2 ans et 3 ans

Votre enfant:

- ne parle pas avec de courtes phrases d'au moins deux ou trois mots;
- ne répond pas à des questions simples débutant par «Qui est là?», «C'est quoi?», «Il est où?»;
- ne tente pas de répondre par oui ou par non aux questions;
- n'est pas très intéressé par les objets autour de lui, jouets ou autres; n'essaie pas de s'en servir ou d'apprendre comment ils fonctionnent;
- ne cherche pas à avoir de petites conversations avec les autres.

Vers 3 ans

Votre enfant:

- est difficile à comprendre, même pour vous;
- ne fait pas de phrases;
- ne commence jamais à vous parler de lui-même;
- ne comprend pas les consignes simples, les petits services que vous lui demandez de rendre dans la maison («Va chercher une couche pour le bébé», «Apporte-moi mon sac à main», «Ferme la lumière»).

Vers 3 1/2 ans

Votre enfant :

- n'est pas compris par les membres de votre famille ou de votre entourage ; il laisse tomber et remplace tellement de sons que seule une personne qui le connaît très bien arrive à le comprendre ;
- laisse tomber les petits mots – prépositions, pronoms, conjonctions – dans ses phrases (Attention ! Un mauvais choix de certains mots est normal. Ce n'est pas un problème si l'enfant dit : «Moi veux aller jouer» au lieu de «Je veux aller jouer».) ;
- semble souvent avoir de la difficulté à trouver les bons mots pour exprimer son idée ;
- saute du coq à l'âne dans sa conversation (passe sans logique d'un sujet à l'autre, ne finit jamais une histoire).

Entre 4 et 5 ans

Votre enfant :

- ne fait que des phrases très courtes ;
- ne comprend pas et n'utilise pas les mots désignant une position dans l'espace (à côté, sur, etc.) ;
- semble souvent avoir de la difficulté à trouver les bons mots pour exprimer son idée ;
- ne se préoccupe pas des réactions de celui avec qui il parle ; on dirait que ses conversations sont désorganisées ;
- n'essaie pas d'expliquer des choses, de décrire ce qu'il a vu ou ce qui s'est passé dans une situation ;
- saute du coq à l'âne dans sa conversation (passe sans logique d'un sujet à l'autre, ne finit jamais une histoire) ;
- hésite beaucoup ; il ne fait pas que répéter, on dirait que les mots bloquent dans sa bouche.

Vers 5 ans

Votre enfant :

- se trompe souvent de petits mots dans la phrase : ses verbes ne sont pas bien conjugués, il mêle le féminin et le masculin, il ne connaît pas de pronoms (il ne parle pas de lui avec le « je », par exemple) ;
- construit des phrases courtes qui ne contiennent qu'une idée ;
- semble toujours comprendre les choses de travers ou « n'est pas là » lorsqu'on lui parle.

Vers 5 1/2 ans

Votre enfant :

- fait encore des erreurs avec des sons autres que *r*. On considère comme normal qu'il parle « sur le bout de la langue » pour les *s* et le *z*. Les *ch* et les *j* doivent commencer à apparaître.

Vers 6 1/2 ans

Votre enfant :

- est loin de s'exprimer comme un adulte, comme en témoignent ses phrases ;
- prononce assez bien les sons sauf qu'à cet âge (ou quand les incisives du haut sont repoussées) il continue de pousser avec sa langue sur ses dents ou de passer entre ses dents quand il dit des *s* et des *z* – on dit souvent qu'il parle « sur le bout de la langue »);
- a la bouche entrouverte dès qu'il écoute la télé ou qu'il ne parle pas.

Quel que soit son âge

Votre enfant :

- a l'habitude de crier beaucoup, et sa voix devient mauvaise (rauque ou enrouée) ;
- a une voix nasillarde ;

- semble avoir peur de parler;
- semble entendre mal:
  - ne se retourne pas quand on lui parle,
  - semble souvent distrait,
  - fait répéter souvent;
- est inquiet quant à sa manière de parler parce que ses amis se moquent de lui.

Quant à vous

- vous êtes inquiet et vous vous posez des questions:
  - Est-ce que mon enfant bégaie?
  - Est-ce que mon enfant entend bien?
  - Est-ce que mon enfant parle normalement pour son âge?
- vous jugez que vous ne le comprenez pas suffisamment;
- vous avez beaucoup de mal à suivre ce qu'il raconte et vous devez poser beaucoup de questions pour finalement arriver à comprendre un événement qui s'est passé, un film qu'il raconte, etc.

Trucs pour communiquer avec l'enfant

Il est possible que notre enfant ne communique pas comme on s'y attendrait, non pas par manque d'intérêt, mais plutôt parce qu'il ne sait pas trop comment répondre. Par contre, même s'il a la capacité de répondre, il peut se dire qu'il risque de ne pas être compris et refuser de communiquer. À certains moments, sa réponse peut nous paraître inacceptable, mais c'est parce qu'il n'a pas les moyens nécessaires, il s'en sort comme il peut avec ceux dont il dispose. Le comportement de notre enfant peut donc être la manifestation de choses dont on ne soupçonne pas nécessairement l'existence: ses craintes, son manque de confiance, etc. Son refus de communiquer sera alors pour lui une façon de se protéger.

Notre comportement communicatif varie en fonction de la personne qui échange avec nous. Si parfois nos attitudes communicatives ne sont pas adéquates à l'égard de nos enfants, nous ne devons pas nous reprocher notre manque d'habiletés. En fait, nous réagissons à eux comme à toute autre personne, selon leurs attitudes. Si nous sommes en présence d'un enfant qui montre peu d'intérêt à communiquer, nous pouvons avoir tendance à parler à sa place ou à l'ignorer. Lorsqu'il ne répond pas à nos efforts de communication, nous allons souvent insister plus fortement. Il s'obstine? Nous essayons de le forcer, d'imposer notre volonté. Le plus souvent, en voulant briser sa résistance, nous l'augmentons. Combien de fois des tentatives de communication dégénèrent-elles en discussion simplement parce que nous nous sommes mal compris?

Nous pouvons nous sentir découragés et frustrés devant le peu de goût ou d'habiletés de communiquer de notre enfant. Nous sommes alors tentés de lui donner ce que nous croyons qu'il veut ou d'abandonner la partie, ne serait-ce que pour acheter la paix, mais ce serait dommage pour lui et pour nous. En effet, il lui manquera les occasions et les encouragements dont tout enfant a besoin pour améliorer sa capacité à apprendre et à communiquer.

Avec l'enfant qui présente un trouble de langage ou de communication, tenter d'instaurer de la discipline devient un défi. Chez les enfants de 2 ans qui commencent à s'affirmer et qui amorcent la période dite d'opposition, la compréhension des mots, des explications et des gestes est entravée par la présence d'un problème de communication. C'est alors que parents et enfant deviennent très frustrés, ce qui entraîne des crises et des difficultés de comportement qui peuvent être temporaires ou prolongées, en fonction de plusieurs facteurs. Les enfants qui parlent peu ou qui ont commencé tardivement à le faire sont moins habiles à exprimer verbalement leurs besoins. En raison de la frustration qu'ils ont accumulée, ils peuvent avoir tendance à arracher des jouets, à taper, à lancer, à mordre et souvent à entrer en conflit avec les autres enfants. Puisqu'ils ne sont pas habiles à employer mots et phrases pour demander, ils auront tendance à pousser un camarade, à lui arracher un jouet, etc. En ce sens, il importe de bien connaître son enfant, et sans le juger comme étant méchant ou malfaisant, il ne faut pas s'empêcher d'intervenir si ces comportements se produisent.

Tout enfant a besoin de se sentir entouré et rassuré lorsque cela lui arrive ; une discipline faite de peu de mots, fermement mais sans agressivité, de façon répétée et constante peut parvenir à de bons résultats. Ce n'est pas en le jugeant, en ayant honte de lui, en le punissant sans explication, ou encore en recourant à des discours à n'en plus finir (qu'il ne comprend pas !) qu'on lui inculquera la bonne façon d'agir en société.

Les interprétations que nous faisons des comportements des enfants sont parfois biaisées par ce que nous observons, plutôt que par notre compréhension des situations. Une des explications possibles et faciles que j'entends souvent est d'attribuer le manque d'intérêt d'un enfant à répondre en disant qu'il est têtu. Il est certain que si nous nous basons sur les réponses que l'enfant donne :

- il ne répond pas à l'appel de son prénom ;
- il ne répond pas quand on lui demande de venir ;
- il ne veut pas dire un mot devant un grand-parent ou une autre personne.

Suggestions pour guider votre explorateur

Tout au long de ton évolution, je sais comment je dois procéder. Je dois être proche de toi, pour que tu aies l'impression d'avoir un guide, que tu te sentes soutenu et que tu persévères ; mais pas trop non plus, pour tout faire à ta place, pour te rendre la tâche trop facile et t'empêcher d'évoluer.

Nous l'avons déjà mentionné, les bases de la communication s'installent dès la naissance, à partir de la relation qui se tisse entre le parent et l'enfant. Il n'existe pas de recette miracle ou, comme on me le demande souvent, de trucs pour faire en sorte que le langage se développe magiquement ou plus rapidement. Dans tout aspect du développement d'un enfant, on ne peut brûler de phases, mais en lui offrant un soutien approprié, on peut en faciliter le passage. Pour nous aider, les chercheurs se sont penchés sur cette intéressante question des moyens et des attitudes qui peuvent être plus bénéfiques que d'autres pour interagir avec un enfant. Pour ce faire, ils ont observé la communication de parents dont les enfants présentaient un développement harmonieux du langage. Cela a permis de fournir bon nombre d'informations sur les attitudes propices, les conditions favorables et de connaître ce qui semble nuire au bon déroulement des phases. Il en découle que, à moins d'avoir de l'expérience ou une facilité à interagir avec les bébés, certaines attitudes doivent être développées et répétées dès le départ avec notre enfant. On ne naît pas parent, pas plus qu'on naît athlète olympique ou pilote d'avion. On l'apprend ! Tout s'apprend... à condition d'être disponible à l'apprentissage.

Les questions que j'ai reçues au fil des ans m'ont donné la motivation nécessaire pour écrire ce livre et recenser, pour vous les fournir, les moyens nécessaires à ces apprentissages. Voyez les conseils qui suivent comme des éléments à apprendre, des objectifs à atteindre, et ce, sans pression, sans exigence autre que celle d'entrer en contact avec votre bébé, d'avoir du plaisir et de découvrir les changements qui s'opèrent.

N'oubliez pas que vous n'aurez jamais terminé vos apprentissages et qu'à certains moments c'est peut-être votre enfant qui tiendra les guides ; vous constaterez qu'il vous pousse à agir autrement, à vous questionner. Finalement, interagir avec un enfant, c'est grandir soi-même !

Éveiller son bébé à la communication dès la naissance

Quelles attitudes dois-je adopter pour intéresser mon bébé ?

En abordant le thème de la stimulation de l'enfant, je sais que ce ne sont pas tous les gens qui disposent de la même connaissance des enfants et de leurs besoins. J'ai été à même de constater que nous n'avons pas tous la même facilité ni la même assurance avec les bébés. De plus, tous n'ont pas le même degré d'intérêt à communiquer. J'ai souvent entendu dire à propos de gens qui intervenaient auprès des tout-petits qu'ils avaient «le tour avec les enfants». En m'arrêtant à ce commentaire, je me suis demandé ce que cela signifiait en réalité. Je me suis permis de faire quelques recherches pour tenter de trouver une réponse objective et détaillée, et je suis arrivée à la conclusion que les personnes qui savent faire avec les enfants partagent certains traits communs susceptibles de susciter l'intérêt des petits. Elles possèdent aussi des intuitions ou des connaissances qui leur permettent de se connecter plus fidèlement aux besoins qui apparaissent progressivement au cours du développement de l'enfant. J'ai donc cru bon de vous en faire part ici.

Si vous faites partie des parents qui ont eu peu d'expérience avec les bébés ou qui sont moins sûrs d'eux, je vous invite à lire ce qui suit avec une grande ouverture d'esprit et avec confiance, en vous disant que, tout comme votre enfant, vous évoluerez de jour en jour. Vous seul pourrez faire des tentatives. Même si au départ elles vous paraissent peu naturelles, cela ne pourra pas nuire à votre enfant. L'important reste de le faire avec de bonnes intentions. Nous savons bien que certains parents plus volubiles ou plus expérimentés démontrent de la facilité à s'exprimer avec leur bébé, en tout temps et dès sa venue au monde. Pour les moins bavards d'entre nous, il est clair que de se s'entraîner à lui parler dès la naissance peut sembler ridicule. Toutefois, puisque votre enfant n'est pas encore en mesure de juger de la qualité ou de l'importance de ce que vous dites, c'est sans doute le meilleur moment pour commencer votre entraînement. Nous avons déjà parlé de la manière d'observer notre enfant, cela peut être une excellente entrée en matière avec votre petit. Si nécessaire, retournez au chapitre «Petit guide d'observation de mon petit explorateur» (page 75) pour rafraîchir vos idées, mais voyons tout d'abord comment, de façon générale, vous pouvez intéresser votre bébé.

Soyez expressif et démonstratif

Les bébés affectionnent tout particulièrement ce qui est coloré et ils sont captivés par les changements et tout ce qui est en mouvement. Ainsi, si vous exagérez le mouvement de vos yeux pour faire comme quand vous êtes surpris, que vous ouvrez grande la bouche («Oh!

Oh! le beau bébé!), que vous faites des mimiques en balançant la tête, et même que vous associez les trois éléments précédents, vous aurez de fortes chances d'observer une réaction chez votre bébé. Ne vous découragez pas s'il ne réagit pas une première fois: tout comme nous, les enfants ne sont pas toujours disposés à jouer et à rire. Tentez à nouveau l'expérience au fil des jours. Soyez patient! Gardez en tête que les bébés, les enfants et les adultes manifestent toujours plus d'intérêt pour une personne expressive.

Soyez encourageant

Quel que soit notre âge, nous avons tous besoin d'encouragements et nous n'aimons pas être pris en défaut. Commencez donc dès son plus jeune âge à observer ce que fait votre bébé pour tenter de s'améliorer et entraînez-vous déjà à le féliciter: «Bravo! Tu tiens ton hochet tout seul!», «Wow! Tu as réussi à te tourner sur le dos!». Pour ce faire, adoptez l'expression du visage et l'intonation positive qui vont de pair. Rappelez-vous que très tôt dans son développement, le bébé est très sensible au ton que vous utilisez.

Gardez le contact: soyez présent à l'autre

Même si cela peut sembler étrange, nous avons toujours plus l'impression que la personne avec qui nous parlons nous écoute si elle nous regarde. Ce sera important de travailler cet aspect avec votre bébé dès son plus jeune âge, d'autant plus qu'au cours de sa première année il vous enverra plusieurs signaux non verbaux qui vous aideront à comprendre ses besoins. Par la suite, avoir développé cette attitude pourra vous servir dans les moments où vous donnerez des consignes ou expliquerez quelque chose à votre enfant. C'est également une excellente habitude à prendre pour décoder son non-verbal et faciliter la communication avec lui tout au long de sa vie. En plus du contact visuel, la proximité physique et le toucher peuvent enrichir la relation qui se construit. Lorsque vous êtes ensemble, que vous échangez ou que vous partagez un livre, pensez toujours à la meilleure position à adopter afin d'être tous les deux à votre aise et de pouvoir échanger des regards. Je vous invite à garder cette image en tête:

lorsque vous assistez à un match sportif, installé derrière le but, ou à un spectacle, assis dans la première rangée, car si vous n'êtes pas à votre aise, vous ne profitez pas vraiment du moment.

Fournissez-lui de quoi d'intéressant

Que ce soit ce dont vous parlez, les expériences que vous lui faites vivre (aller au parc au bout de la rue, faire le repas avec vous, etc.), les objets que vous lui faites connaître (vos plats de plastique, vos cuillères à mesurer, etc.), les jouets que vous fabriquez ou achetez, gardez en tête que votre enfant est un petit être curieux qui sera intéressé si vous lui communiquez des choses qui l'intriguent.

Respectez les moments où il parle

Tout comme nous, l'enfant aime bien être écouté jusqu'à la fin, sans être interrompu. C'est pourquoi, dès le début de vos échanges avec lui, entraînez-vous à conserver le contact sans l'interrompre pendant qu'il fait ses vocalises ou qu'il babille. Encore une fois, c'est une habitude qui paiera à la longue.

Répondez-lui

Nous verrons plus loin diverses façons de répondre à votre enfant qui sont enrichissantes sur le plan du langage et de la communication. Dès son plus jeune âge, le bébé n'a d'autres moyens de se faire comprendre que les pleurs et les cris. De cette façon, il exprime tantôt son inconfort, tantôt qu'il a faim. Ne craignez pas de le gâter, essayez plutôt de comprendre la nature de sa demande et répondez-lui. C'est très important pour créer le lien, pour faire une boucle logique dans sa tête et développer sa confiance ainsi qu'une bonne relation affective qui déboucheront éventuellement sur la confiance en soi. Rappelez-vous que les enfants sont comme nous : si vous adressez une demande à quelqu'un ou que vous lui faites un commentaire, vous attendez une réponse de sa part. C'est très frustrant quand cela ne se produit pas, vous avez alors l'impression de parler tout seul...

Sachez qu'au fur et à mesure que l'enfant vieillit il devient moins nécessaire de répondre chaque fois qu'il crie, qu'il est en colère, qu'il s'oppose ou qu'il se plaint. Il est possible de lui demander la raison pour laquelle il se met dans cet état et de décider d'intervenir ou pas. N'oubliez pas que les enfants sont rapides à faire le lien entre ce qu'ils font et l'attention qu'ils obtiennent, et cela vaut aussi pour les comportements indésirables.

Pourquoi est-ce si important de m'adresser à mon bébé avant même qu'il ait commencé à parler ? Comment puis-je faire pour entrer en communication avec lui au cours de la première année ? Comment dois-je lui parler au cours de sa première année de vie ?

Dès les premières semaines de présence avec vous à la maison, votre bébé manifeste ce que nous pourrions appeler un appétit pour apprendre. Tout comme pour la faim, il faut le nourrir, et la meilleure façon d'y parvenir est de lui donner toute l'attention dont il a besoin pour grandir. Il faut aussi être conscient que certains moments sont plus favorables que d'autres pour obtenir l'attention du bébé et faire en sorte qu'il profite bien de ce moment d'échange. Il doit être éveillé et calme, ni endormi, ni mal à son aise, ni agité (cela se produit souvent après un changement de couche ou après le repas). De plus, il ne faut pas que vous soyez vous-même stressé. Dès lors, c'est le temps d'engager un échange en caressant l'enfant et en lui parlant doucement. Vous pouvez aussi profiter d'une situation où il prend l'initiative : il vous regarde et vous offre son plus beau sourire, il produit un son, ou encore il dirige ses yeux vers un objet.

Chaque parent est différent, et la relation que tissent la mère et le père avec leur enfant diffère également. Néanmoins, que chacun aborde cette relation d'une manière qui lui est propre est loin d'être nuisible à l'enfant. Chacun a un apport distinct qui permet au petit de développer des aspects complémentaires.

Tout moment partagé avec un enfant, quel qu'en soit le but, est propice à la stimulation du langage. Les conseils relatifs à la stimulation de la communication, présentés un peu plus loin, peuvent s'appliquer à n'importe quelle activité. L'important est de trouver le créneau dans lequel on se sent à l'aise. Il est généralement reconnu que les pères entrent en relation avec leur enfant de façon plus physique et, en ce sens, qu'ils seront plus enclins à encourager l'exploration de l'environnement, le développement de la motricité et, par le fait même, l'acquisition de l'autonomie. Ce sont souvent eux qui préféreront faire des chatouilles, bouger les pieds et les mains, faire pédaler le bébé et, plus tard, le soulever en l'air ou jouer avec lui au ballon. Les mères sont plus protectrices, ont plus d'intérêt pour le bricolage ainsi que les activités langagières ou de table. Elles seront plus portées à chantonner pendant le boire ou à montrer le nom des animaux du mobile au moment du coucher.

Il est essentiel de répondre aux besoins immédiats du bébé et, éventuellement, de l'enfant (s'assurer qu'il est propre, qu'il n'a pas faim, qu'il est reposé et à son aise, qu'il se sent en sécurité). En effet, dès qu'il se sent bien, il a toute l'énergie nécessaire, est disposé à apprendre et alerte. Ses sens, ses émotions et son intelligence peuvent alors être mis à profit pour toucher, explorer, écouter, regarder ce qui se passe dans son petit monde. Au début, caresser le bébé ne suffira pas à le calmer: il réclamera d'être pris dans les bras. Mais au fil des mois, il voudra être face à face avec l'adulte, puis demandera d'être présent et de participer aux activités familiales.

Dans le cadre des discussions sur la stimulation du langage de l'enfant, on entend souvent dire qu'il est mauvais de lui «parler bébé». Certains comportements peuvent effectivement être considérés comme nuisibles:

- utiliser un mauvais vocabulaire (un «pitou» au lieu d'un «chien»);
- doubler les syllabes plutôt que de dire le mot tel quel (une «toto» au lieu d'une «auto»);

- ne pas appeler l'enfant par son prénom («Viens, bébé!» au lieu de «Viens + son prénom!»;

- ne pas utiliser les pronoms au fur et à mesure que l'enfant grandit («Viens, maman va donner du lolo à bébé» au lieu de «Viens, je vais te donner de l'eau»).

Certains parents persistent à penser que leur enfant ne les comprendra que s'ils lui «parlent bébé», l'imitant dans les transformations de mots qu'il fait, associant les mots les uns aux autres sans former de phrases et excluant, notamment, les verbes et les articles. En réalité, cette pratique gêne les progrès de l'enfant et retarde sa compréhension du langage parlé par tous.

Par contre, nous adoptons instinctivement des façons de nous adresser à un bébé qui sont reconnues comme aidantes dans l'apprentissage du langage. Elles permettent d'établir une bonne relation entre lui et nous. Voici une énumération de divers comportements qui nous font souvent paraître bizarres aux yeux des autres adultes, mais qui semblent être bénéfiques pour l'apprentissage des bébés.

- Nous nous approchons davantage du bébé que des autres personnes quand nous parlons.

- Nous prenons une voix plus aiguë.

- Nous mettons plus d'intonation.

- Nous parlons moins vite.

- Nous faisons plus de pauses et celles-ci sont plus longues.

- Nous construisons nos phrases plus simplement.

- Nous nous exprimons avec moins d'hésitation et plus clairement, quitte à exagérer un peu l'articulation.

- Nos phrases sont construites à partir d'une moins grande variété de mots, dont beaucoup sont faciles à prononcer pour les enfants. Ces mots commencent par *p, b, f, m* et *v*.

- Les mots sont souvent des noms qui représentent des objets concrets dans l'environnement immédiat de l'enfant.

- Notre discours est redondant.

Toutes ces caractéristiques permettent de signifier au bébé que c'est bien à lui qu'on s'adresse. Elles facilitent la segmentation et le traitement de ce qu'il entend. Alors, la prochaine fois que vous entendrez quelqu'un adopter ces comportements pour parler à un enfant, ne vous moquez pas: encouragez-le à poursuivre!

Stimuler la communication de son enfant

Comment faire pour ajuster et modifier ma façon de parler au fur et à mesure que l'enfant grandit et change sa façon de communiquer? Comment continuer de stimuler son langage de façon enrichissante?

Stimuler est une question de mesure et de jugement.

• Je ne dois pas être trop près et m'en mêler continuellement.

• Je ne dois pas être trop loin et être désintéressé.

• Je ne dois pas tout faire à sa place.

• Je ne dois pas m'attendre à ce qu'il fasse tout correctement dès que je le lui ai montré.

• Je dois me montrer intéressé et empathique. C'est normal qu'il vive de la frustration quand il ne réussit pas à faire quelque chose. Je ne suis pas là pour lui éviter de connaître ce sentiment mais pour le guider et guider ses gestes dans ces moments.

Aider son enfant à apprendre à parler consiste d'abord à se demander quelle sorte de communicateur on est. Pourquoi ne pas d'abord vous autoévaluer en vous demandant si vous aimez parler? Comment êtes-vous? Passez-vous vos journées dans le plus grand silence, préférant faire vos tâches ménagères, lire, écouter de la musique ou la télévision? Quand quelqu'un vous parle, êtes-vous le genre de personnes qui répond par des phrases courtes et avec le minimum de mots pour être compris? Ou êtes-vous plutôt de ceux qui sautent sur toutes les occasions pour parler – au téléphone, à votre conjoint, à vos enfants, à vos voisins, etc. – et généralement plus que nécessaire? Dit-on de vous qu'en votre présence on ne peut pas placer un mot? Ou êtes-vous de ceux qu'on définit comme ayant une bonne écoute?

Faites-vous partie de ceux qui se parlent à eux-mêmes en faisant une activité quelconque? Que vous fassiez partie d'un extrême ou d'un autre, sachez que la meilleure manière d'amener un enfant à parler est de lui en donner l'exemple. Peut-être devrez-vous vous forcer pour apprendre à parler avec lui; je tenterai de vous donner quelques moyens de le faire. Peut-être devrez-vous moins parler, vous habituer à écouter ce qu'il veut dire – en lui laissant le temps de le faire – et répondre de manière à l'inviter à poursuivre.

Évidemment, vous aurez compris que les parents sont aussi différents les uns des autres que les enfants qu'ils auront. Cependant, il importe de savoir que les études ont démontré que les enfants qui vivent avec des parents plus verbaux arrivent à l'école avec un langage plus avancé, plus élaboré. Ceux qui vivent des tentatives de communication fructueuses ont plus de chances de prendre plaisir à communiquer. Cela devrait suffire à vous encourager à fournir l'effort nécessaire pour devenir un partenaire communicatif motivant. Soyez confiant: tout s'apprend!

Avec l'enfant qui parle peu ou celui qui s'exprime avec moins de clarté, quelques règles de base sont à respecter. Il est très important que la communication entre vous conserve un aspect naturel. Lorsque vous lui parlez d'une certaine façon, essayez de vous mettre à sa place. Voici quelques suggestions qui devraient vous aider et réduire la frustration chez vous et votre enfant.

Ce qu'il est déconseillé de faire

Ce que je n'aime pas qu'on me fasse, je ne le fais pas aux autres!

Avez-vous déjà tenté d'apprendre une autre langue, ou parlé une langue étrangère avec des personnes qui la maîtrisaient déjà? Si, comme moi, vous vous êtes trouvé dans une situation où votre vis-à-vis «feignait» de ne pas vous comprendre, vous savez combien on se sent mal lorsque cela nous arrive. Ce sont surtout les commentaires, la rétroaction de l'interlocuteur qui nous atteignent et nous mettent mal à l'aise. Ainsi, vous comprendrez que toute remarque directe sur notre façon de nous exprimer ou notre langage est désagréable. Alors, pourquoi, si nous le savons, utilisons-nous ces moyens avec l'enfant qui est en apprentissage? C'est assez difficile à expliquer, mais ce que nous savons, c'est qu'il s'agit rarement de malveillance. Cela tient plutôt du manque de savoir-faire en la matière, de notre désir bienveillant de ne pas laisser l'enfant dans l'erreur, ou encore du fait que nous oublions parfois de nous mettre à la place de l'autre. Relevons certains commentaires faits aux enfants qui nous feraient dresser les cheveux sur la tête si quelqu'un s'adressait à nous de cette façon.

- «Ben voyons, on dit pas "pasghetti", mais "spaghetti"!»
- «Je te l'ai déjà dit que c'est "par-ce que", et non "pake"!»
- «Allez, redis-le comme du monde: "é-lé-phant".»
- «J'comprends rien quand tu parles!»
- «Articule comme il faut, j'comprends rien!»
- «J'haïs ça quand tu te forces pas!»

En plus du manque de connaissances sur la façon la plus efficace de stimuler le langage, c'est souvent à cause de l'inquiétude ou de la comparaison de notre enfant avec ceux de l'entourage que nous aurons tendance à chercher des façons de faire pour accélérer le processus du développement. Les mauvaises intentions des parents comptent rarement parmi les causes de l'adoption de moyens qui ne permettent pas d'obtenir les résultats escomptés. Ce n'est pas «pour mal faire», comme on dit, que nous optons parfois pour des méthodes qui, ne convenant pas à l'enfant, ont comme résultat de mettre de la pression sur lui. Avec les meilleures intentions, nous nous mettons en quête de solutions, que ce soit au cours de discussions avec des parents ou des amis, ou encore dans nos lectures, nous découvrons des moyens, des attitudes, des trucs qui ont fonctionné avec certains enfants, puis nous les appliquons aux nôtres. Malheureusement, nous négligeons

de tenir compte du fait que l'enfant qui présente un moins grand intérêt ou de moins bonnes aptitudes pour le langage manifeste certaines
lacunes d'ordre physiologique, neurologique, affectif ou autres qui nécessitent des moyens spécifiques. On oublie aussi que le fait de mettre
de la pression sur l'enfant, qu'il démontre un développement normal
ou non, risque d'avoir un effet négatif engendrant des frustrations chez
les deux parties.

Attitudes déconseillées

- Prévenir les coups pour que l'enfant n'ait pas à demander (lui donner tout cuit dans le bec!).
- Organiser l'environnement pour que tout soit à sa portée.
- S'organiser pour qu'il ne connaisse aucune difficulté.
- Répondre à sa place pour éviter qu'il ne soit pas compris.
- Tout choisir pour lui.
- Lui poser une question et ne pas écouter la réponse.
- Supposer que l'enfant est trop jeune pour comprendre.
- Utiliser un vocabulaire « bébé ».
- Parler à la troisième personne (« Viens, maman va te donner du lait »).

Imaginez-vous en train d'apprendre une langue étrangère. Aimeriez-
vous qu'on fasse toujours semblant de ne pas vous comprendre? Est-
ce que cela vous aiderait si on vous demandait de répéter cinq fois le
même mot alors que vous ne savez pas quelle erreur vous avez faite?
Aimeriez-vous qu'on vous pose des tas des questions? Ou encore qu'on
ne vous donne pas ce que vous demandez parce que vous n'avez pas
dit le mot de la bonne manière?

C'est pourquoi il faut éviter les comportements suivants:

- Faire répéter l'enfant jusqu'à ce qu'il dise un mot ou fasse un son de la bonne manière, ou encore lui dire: « Tu ne l'auras pas tant que tu ne le diras pas comme il faut.» Imaginons un peu la frustration de l'enfant. Ne pouvant probablement pas améliorer sa production, il se verra privé de ce qu'il désire. On risque alors qu'il abandonne l'objet de son désir ou qu'il se mette en colère – et nous aussi, bien entendu. Et le lendemain, ça recommence! Dans tous les cas, l'enfant sortira perdant de cet échange et, à la longue, cela pourrait avoir un effet important sur son désir de communiquer.

- Poser beaucoup de questions à l'enfant pour le faire parler. Premièrement, il se peut que dans notre façon de formuler les questions, l'enfant ne s'y retrouve pas. S'il a quelque problème que ce soit à comprendre le langage ou si nos questions sont trop compliquées, on peut imaginer le sentiment d'incompétence qu'on risque de créer chez lui. C'est tellement décevant de ne pas comprendre ce que veut savoir une autre personne et on peut se sentir tellement stupide quand on s'aperçoit qu'on lui répond incorrectement.

- Poser des questions ou faire des demandes en dehors du contexte. Qui n'a pas essayé un jour de faire dire à son enfant quelque chose en dehors d'une situation? On le fait toujours pour de bonnes raisons, que ce soit pour montrer les performances de notre petit ou mettre en évidence sa difficulté à produire tel son ou tel mot. On lui demandera, par exemple: «Dis "brocoli" à la dame.» Aucun besoin de l'enfant n'étant lié à cette situation, il est tout naturel qu'il refuse de le faire. Encore une fois, parler doit avoir un sens, et le plaisir du parent ne compte pas vraiment.

Ce qu'il est conseillé de faire

Après avoir constaté que certaines façons de communiquer avec l'enfant peuvent être nuisibles, regardons maintenant ce qui semble plus favorable à établir le genre de communication qui nous permet d'avoir du plaisir avec lui tout en assurant que son développement soit plus harmonieux.

- Prenez le temps de vous arrêter pour écouter et regarder votre enfant.

- Essayez de comprendre ce qu'il tente de vous communiquer.

- Si vous prenez l'initiative de l'échange, assurez-vous qu'il est disponible, qu'il n'est pas occupé à une activité qui le captive. Pour avoir son attention, appelez-le d'abord par son prénom, puis ajoutez: «Regarde!» ou «Écoute!».

- Profitez de chaque occasion possible pour saisir son regard avant d'enchaîner dans la communication. Pour avoir un contact visuel, placez-vous à sa hauteur: allongez-vous par terre avec lui, baissez-vous à son niveau, prenez-le sur vos genoux, ou placez-le sur un comptoir et installez-vous debout devant lui.

- Répondez le plus souvent possible à ses demandes.

- Utilisez toute situation que vous partagez avec votre enfant pour lui expliquer ce que vous faites ou ce qu'il fait (par exemple, en le lavant: «Je lave ton pied, tes petits orteils...»; en l'installant dans son siège d'auto: «Je t'attache, c'est plus prudent comme ça...»; à l'épicerie: «On va acheter du pain, on n'en a plus à la maison...»).

- Plutôt que de lui donner directement une chose, laissez-lui le choix, et ce, même si vous connaissez la réponse (par exemple, pour choisir la serviette au sortir du bain: «La grande ou la petite?»; au moment d'enfiler un pyjama: «Celui avec des papillons ou avec des fleurs?»; devant les DVD: «Celui du lion ou des dinosaures?»; à l'heure de la collation: «Une clémentine ou une pomme?»; au repas: «Cette sorte de biscottes ou cette autre?»). Il faut parfois être rusé pour que l'enfant parle...

- Exprimez d'abord quelque chose qui se rapporte à vous plutôt que de toujours lui poser des questions (par exemple: «Moi, je prends un verre de lait. Et toi, tu prends...»).

- Modifiez votre façon de parler de la manière suivante:
  - Utilisez de courtes phrases.
  - Faites des phrases simples au début, puis de plus en plus longues au fur et à mesure que l'enfant vieillit.
  - Utilisez la bonne grammaire mais à un niveau que l'enfant peut comprendre.
  - Ralentissez la vitesse de parole.

- – Énoncez vos mots clairement, mais ne prononcez pas en exagérant.
- – Ajustez le niveau de langage de sorte qu'il soit juste un peu plus complexe que celui de l'enfant.
- Accordez de l'importance à ce que dit l'enfant, et non pas à ses erreurs.
- Attendez qu'il ait exprimé un besoin par un son, un geste ou un mot avant d'y répondre. Donnez du sens à ses sons ou à ses gestes en mettant des mots sur ses demandes : « Ah, tu veux avoir ton doudou ? »
- Faites preuve de patience. Le jeune enfant ne peut répondre aussi rapidement que nous, les adultes, ou même qu'un enfant plus vieux. C'est pourquoi, dans une conversation, il s'avère très important de lui laisser du temps. Ainsi, dans les situations familiales, autour de la table par exemple, assurez-vous qu'il ait de la place pour parler au même titre que toutes les autres personnes. Souvent, les tout-petits essaient de dire quelque chose, mais le temps qu'ils prennent pour transformer leur pensée en mots, les hésitations et les nombreux retours en arrière dans leurs phrases font en sorte que quelqu'un les interrompt, complète leur idée et, finalement, parle à leur place.
- Si vous lui donnez une consigne et qu'il semble ne pas comprendre, demandez-lui de vous la répéter pour vous faire une idée de ce qui est clair pour lui et de ce qui ne l'est pas. Vous pourrez préciser seulement la partie obscure.
- Si vous désirez l'interroger, choisissez les questions ouvertes plutôt que les questions fermées.

En vous mettant à la place d'un enfant, répondez aux quelques questions suivantes :

- — As-tu passé une bonne journée aujourd'hui ?
- — As-tu bien joué avec tes amis ?
- — T'es-tu baigné aujourd'hui ?
- — As-tu eu du plaisir à la garderie aujourd'hui ?

— Êtes-vous allés au parc?

— Avais-tu hâte que je vienne te chercher?

Maintenant, répondez aux questions suivantes:

— Qu'est-ce que tu as fait aujourd'hui?

— À quoi as-tu joué avec tes amis?

— Êtes-vous allés au parc ou vous baigner? C'était comment?

— J'avais hâte de venir te chercher. Comment c'était pour toi?

— Tu as passé ta journée à faire quoi?

— Pourquoi étais-tu assis à la table avec tes amis quand je suis arrivé?

Si, comme moi, vous avez la parole facile, vous n'aurez vu aucune différence dans vos réponses aux précédentes questions. Mais pour un enfant, la première série ouvre peu la porte aux discussions, c'est pourquoi on les appelle souvent les *questions fermées*. On conviendra qu'un oui ou un non sera suffisant pour y répondre, et c'est tout ce que l'enfant apprendra. De plus, vous n'aurez pas vraiment de quoi continuer la conversation ou reformuler le tout d'une manière plus appropriée.

La seconde série offre davantage de possibilités de faire des phrases plus longues, de donner plus de détails. L'enfant apprendra ainsi de quoi on peut parler quand on est avec les autres. C'est avec l'entraînement que vous découvrirez ce qui fonctionne le mieux avec votre enfant. Comme ces questions permettent plus d'ouverture dans la communication, nous les appelons *questions ouvertes*.

Comment converser avec mon enfant?

Nous avons vu que chaque personne aime plus ou moins parler. Toutefois, pour favoriser l'évolution de notre enfant, nous n'avons d'autre choix que de développer de bonnes attitudes, comme celles décrites précédemment. Mais ce n'est pas tout de savoir comment parler à notre enfant, encore faut-il savoir de quoi lui parler, et il se peut que nous manquions d'idées à ce sujet. Par l'exemple qui suit, voyons en quoi il est si important de partager un sujet de conversation avec une autre personne. Imaginez que vous allez dans une soirée où vous connaissez peu de gens et que, tout à coup, on vous présente un invité qui, tout comme vous, est un amateur inconditionnel de hockey. Ressentez tout le soulagement que vous éprouvez à ce moment («Wow! Enfin quelqu'un avec qui je vais pouvoir passer un moment intéressant!») et le plaisir que vous aurez à partager ce sujet qui vous intéresse tous les deux. Par contre, si, dans la même situation, tous les gens sont des amateurs de technologie et que vous avez de la difficulté à manipuler la télécommande de votre téléviseur, vous risquez de trouver la soirée longue, inintéressante, et de ne pas parler à grand monde. Cet exemple illustre bien la nécessité de se concentrer sur l'intérêt de l'enfant, puis, éventuellement, d'élargir ses horizons et de l'amener à développer ses connaissances. Pour ce faire, partez de ce que bébé fait, agitez un hochet, chatouillez-le, puis montrez-lui des choses autour de vous. Graduellement, il deviendra proactif dans cette activité, c'est lui qui engagera la conversation et vous pourrez continuer de l'enrichir au fil des jours.

Avant toute chose, organisez-vous pour être à la hauteur du visage de l'enfant afin de vous assurer que vous vous voyez bien tous les deux. Accroupissez-vous, assoyez-le sur un comptoir, installez-vous par terre avec lui, peu importe, mais faites en sorte d'avoir un bon contact visuel.

Il est généralement conseillé de parler d'abord de ce qui se passe dans le lieu et au moment présent. Vous pouvez:

- nommer ce que l'enfant regarde ou désigne;
- décrire une situation qui survient;
- dire ce que vous êtes en train de faire («Ce soir, on va manger du brocoli avec du poulet»);
- mettre des mots sur ce que l'enfant fait («Tu joues avec tes orteils... Tiens, c'est nouveau ça!»);
- parler de ce qui est prévu dans la journée et y revenir lorsque l'activité est terminée («As-tu aimé ça aller voir des animaux au zoo?

Te rappelles-tu comment s'appelait celui qui ressemblait à un cheval mais avec des lignes noires et blanches?»);

- enseigner des règles de vie, de sécurité et transmettre vos valeurs familiales («Quand quelqu'un te donne quelque chose, tu dis merci»);

- jouer avec les mots. Ce n'est pas tout le monde qui aime faire des jeux de sons ou de mots, des poèmes, des mots croisés, mais si cela vous plaît, rien ne vous empêche de recourir aux chansonnettes, aux rimes («Un biberon, ron ron, pour mon poupon, pon pon»).

Entre adultes, en plus d'échanger à partir de questions, il nous arrive de commencer nos conversations en parlant de nous, de nos préoccupations, de nos opinions. Pour bien des gens, il semble ridicule d'agir ainsi avec un bébé, et pourtant cela ne peut qu'enrichir la relation. Essayez de:

- parler des sentiments que vous ressentez («Eh que je suis déçu que ta grand-mère ne puisse pas venir avec nous!);

- dire ce que vous croyez que l'enfant ressent («T'as vraiment pas l'air content de prendre ton bain»);

- émettre une opinion sur quelque chose qui arrive («Moi, j'aime pas tellement ça, ceux qui roulent vite comme ça»).

Quels sont les moments les plus favorables pour stimuler le langage de mon enfant?

Stimuler le langage se fait à tout moment de la journée pour autant que l'enfant soit réceptif et que vous soyez disponible. Les moments où chacun se sent détendu sont ceux où l'on peut avoir le plus de plaisir. Lorsque vous ou l'enfant êtes fatigué, ne tentez pas de vous engager dans une activité spécifique pour stimuler le langage, vous risqueriez d'être frustré ou déçu. Par ailleurs, rappelez-vous que lorsque l'enfant met beaucoup d'énergie dans un développement (apprendre à marcher, par exemple) il est, pour un temps, moins disponible au développement langagier.

Faites l'inventaire des moments de la journée ou de la semaine durant lesquels vous êtes seul avec votre enfant ou, du moins, plus disponible. Prenez alors contact avec lui dans un but de communication et tentez d'exploiter le plus favorablement possible cette situation. À vous de trouver les moments qui conviennent à votre vie et à vos activités. Pour vous aider, je vous propose une liste de situations – incomplète, je le reconnais – issues du quotidien:

- l'heure du bain;
- le réveil de la sieste;
- l'heure de la collation;
- en faisant des achats ou l'épicerie;
- durant une promenade en poussette;
- pendant le ménage;
- pendant le lavage;
- en préparant le repas;
- durant le repas (à condition de fermer la télévision...);
- durant le trajet vers la garderie ou au retour à la maison;
- en vous baignant ensemble;
- en jouant ensemble.

Comment puis-je stimuler certains aspects particuliers du langage de mon enfant?

S'adresser à un enfant ne doit pas devenir l'occasion de faire un enseignement spécifique, mais doit être un moment pour communiquer et prendre plaisir à se parler. Malgré ce fait, certaines de nos réponses peuvent contenir des indices subtils qui lui permettront de se rendre plus aisément à la phase suivante de son développement. Je vous suggère des manières habiles de répondre à votre enfant selon l'aspect de la communication que vous désirez particulièrement faire progresser.

- Vous avez décelé une prononciation inadéquate d'un mot, ou encore vous êtes la seule personne capable de déchiffrer ce que dit votre enfant. Lorsque vous vous en rendez compte, plutôt que de lui dire ou de lui faire sentir qu'il y a une erreur, je vous propose la *reformulation*. Encore une fois, mettons-nous à la place de l'enfant. Pas plus que nous il n'aime se faire prendre en défaut ou être repris dans une conversation. Alors, pour au moins lui montrer comment le mot se prononce de la bonne façon, répondez-lui en améliorant ce qu'il vient de dire.

Prenez en note dans votre tête le mot que vous croyez devoir améliorer et redites-le-lui en accentuant légèrement ce que vous voulez modifier.

Enfant : «*Tamion.*»
Parent : «Oui, un gros *camion*!»
Enfant : «*Toto.*»
Parent : «Tu joues avec une *au*to.»

- Ses phrases comportent toujours des erreurs de grammaire. Reformulez la phrase en accentuant cette fois le mot ou les mots qui la rendent plus acceptable.

Enfant : «I pleurer, le bébé.»
Parent : «Ah! le bébé pleure.»

- Ses phrases sont un peu courtes pour transmettre ses idées. Allongez et complétez la phrase en lui répondant par une phrase complète et un peu plus longue que ce qu'il peut produire.

Enfant : «Où pout-pout à moi?»
Parent : «Il est où ton train? Tu ne trouves pas ton train?»
Enfant : «Vite broum camion.»
Parent : «Le camion est parti vite!»

- En ce qui concerne le vocabulaire, lorsqu'on désire montrer à l'enfant le nom des choses qui l'entourent, on peut simplement les nommer au moment où il dirige son regard vers ceux-ci, qu'il les prend dans ses mains, ou encore qu'il les voit dans un livre ou à la télévision. Il est intéressant de fournir à l'enfant d'autres informations que le simple nom de l'objet. En ce sens, on peut préciser la catégorie à laquelle il appartient («C'est un chat, une sorte d'animal») ou dire ce que fait l'objet en question («C'est un chat. Il fait miaou!» ou «C'est un chat. Il est doux»).

Il y a un stade du développement où l'enfant vous montre une vache et vous dit: «Chien.» Bien entendu, vous ne devez pas le laisser dans l'erreur mais le corriger, et ce, sans brimer l'échange mais plutôt en l'enrichissant. Ainsi, vous pouvez lui mentionner: «Non, mon trésor. Ça, c'est une vache. Un chien, c'est petit; une vache, c'est gros!» Par contre, lorsque votre enfant a bien identifié quelque chose, il devient tout aussi important de le renforcer: «Oui, mon grand, bravo! C'est une vache!»

- Il est toujours intéressant de prolonger la conversation au-delà d'une phrase pour chaque partenaire. Pour maintenir votre enfant dans le sujet, il suffit parfois d'un peu d'imagination et d'entraînement. C'est pourquoi je vous propose quelques moyens.

Enfant: «L'auto rouge s'en va au garage.»
Parent: «L'auto rouge va au garage pour se faire réparer. Et l'auto bleue, elle...»

Enfant: «J'aime ça, moi, les croissants.»
Parent: «Moi aussi. Toi, est-ce que tu mets de la confiture dessus?»

Assurément, il n'est pas idéal de poser constamment des questions à l'enfant, car cela ne correspond pas aux situations normalement vécues entre nous, adultes. Voici donc d'autres manières créatives de stimuler son langage de façon indirecte et subtile. Reprenons l'exemple précédent avec les croissants.

- On tente de faire compléter un énoncé par l'enfant.
  Parent: «Tu manges les croissants avec...»

- On fait une déclaration en tentant d'aller chercher l'opinion de l'enfant.
  Parent: «Je me demande ce que tu mettrais dessus si j'en achetais...» ou «Je me demande bien ce que tu mets sur les tiens...».

- On commente.
  Parent: «Je pense qu'on devrait manger des croissants plus souvent.»

- On fait développer.

Parent: «Parle-moi donc des fois où tu manges des croissants.»

- On fait croire à l'enfant qu'il a du pouvoir sur les actions.

  - On place les premières pièces d'un casse-tête. Puis, on indique à l'enfant comment faire (en se fiant aux couleurs, aux dessins, etc.), mais on s'assure que ce soit lui qui place les derniers.

  - On empile les premiers blocs d'une tour, mais on le laisse placer les derniers du haut.

  - On tourne la manivelle d'un jouet jusqu'au moment où l'on estime que le mécanisme va se déclencher (le personnage va sauter, la porte va s'ouvrir, etc.). On laisse l'enfant faire le dernier tour.

Il faut garder en tête que c'est à nous que revient le rôle d'enseigner à notre enfant les règles qui feront de lui un communicateur efficace. C'est à nous de lui indiquer s'il s'égare dans de trop longues explications qui perdent son interlocuteur ou s'il ne donne pas assez d'informations pour qu'on le comprenne. Il faut également lui montrer comment demeurer dans le sujet qui est discuté. Des phrases comme: «Je pense que la dame veut savoir ...» ou «Il faudrait que tu dises au monsieur où nous étions, car il ne peut pas savoir de quoi tu parles» pourraient être employées. Ce genre d'enseignement demande qu'on le fasse directement mais avec diplomatie: tout comme nous, l'enfant n'aime pas être repris devant les autres personnes.

Que faire si mon enfant est moins enclin à parler?

Malgré le fait que vous ayez adopté des attitudes et des moyens proposés précédemment, votre enfant, pour une raison ou pour une autre, ne semble pas très intéressé par le fait de dire ce qu'il veut. Il importe de bien faire le tour de la situation afin de vous assurer qu'un membre de la famille ne lui serve pas d'interprète pour ses besoins. Le cas échéant, vous devrez expliquer à cette personne la nécessité pour le bébé ou le jeune enfant d'apprendre à dire des mots pour communiquer ses besoins. Il est possible que l'enfant soit satisfait de sa façon de communiquer, qui ne lui crée pas trop d'embûches pour le moment. Il faut donc voir à ce que ce dernier réalise que communiquer est utile et que cela lui permet d'obtenir des choses. Je vous suggère d'essayer quelques ruses.

Organisez l'environnement pour que l'enfant réagisse

- Placez à la vue de l'enfant un objet ou un jouet qu'il aime, mais hors de sa portée.
- Déplacez les objets qu'il est habitué de voir toujours au même endroit.
- Cachez un objet qu'il utilise habituellement.
- Placez des objets ou des aliments dont vous savez qu'il les voudra dans un contenant qu'il ne peut ouvrir sans demander votre aide.
- Proposez-lui de faire une construction de blocs, un bricolage ou une autre activité ensemble. En cours de route, dites-lui que vous ne savez plus comment faire pour la suite.

Agissez d'une manière inhabituelle

- Changez une phase d'une routine et attendez sa réaction.
- Oubliez de mettre du dentifrice sur sa brosse à dents ou donnez-lui une fourchette pour manger ses céréales.
- Trompez-vous dans votre façon de réaliser une tâche. Un enfant rit toujours lorsqu'on lui met un de ses vêtements de la mauvaise façon. Par exemple, au moment d'enfiler son manteau d'hiver, oubliez de sortir les mitaines et la tuque que vous aviez placées dans la manche.
- Rendez-lui un service de façon incomplète pour qu'il exprime le désir de terminer la tâche. Par exemple, mettez-lui un vêtement – son chapeau ou un soulier – sans le lui attacher.

Que puis-je faire si j'ai de la difficulté à comprendre le langage de mon enfant?

Les enfants qui apprennent à parler ne sont pas toujours faciles à comprendre, particulièrement lorsqu'ils nous entretiennent de quelque chose qui n'est pas dans notre entourage immédiat, qu'ils parlent avec des personnes moins habituées avec les enfants, ou qu'ils sont sous le coup de l'émotion. L'important, c'est que dans chaque situation l'enfant puisse sortir gagnant de sa tentative d'entrer en contact avec quelqu'un par le biais de la parole et que chacun, lui et nous-mêmes, en retire de la satisfaction.

Il vient toujours un moment où notre enfant nous baragouine un mot ou une phrase plus longue qu'à l'habitude que nous n'arrivons pas vraiment à comprendre. Rien ne sert alors de mettre la faute sur lui en disant: «Eh que tu parles mal!», «J'ai rien compris. Parle donc mieux que ça!», ou tout autre commentaire désagréable à recevoir pour qui que ce soit. Si vous voulez que votre enfant garde le goût de parler, voire de vous parler, il est important de ne pas rejeter le blâme sur lui, qu'il ait des difficultés de langage ou pas. Mais comment vous y prendre?

- Faites-le répéter une première fois en lui expliquant que vous n'avez pas entendu ou que nos oreilles n'ont pas bien compris («Excuse-moi, je n'ai pas compris... mes oreilles n'ont pas bien entendu... ou je n'écoutais pas. Peux-tu me redire ça?»). Si vous le regardez bien, il se peut que l'enfant vous donne des indices dans la pièce ou sur lui en rapport avec ce qu'il veut dire.
- Fournissez-lui une rétroaction évaluative. Demandez-lui: «Dis-le-moi encore.»
- Si ces tentatives ne vous permettent pas de mieux comprendre, demandez à l'enfant âgé de 4 ou 5 ans de le dire autrement ou, pour un plus enfant jeune, soit de 2 ou 3 ans, de vous montrer ce qu'il veut.

- Faites des hypothèses.
  - À partir d'indices sonores ou visuels.

    Parent : « Tu veux manger quoi ? »

    Enfant : « É lè. » (L'enfant fait un rond avec ses doigts.)

    Parent : « Ah, des boulettes ! »

    Enfant : … (sourire de satisfaction)

  - En disant au moins les mots que vous avez compris.

    Enfant : « Moi, iguise en toune. »

    Parent : « Ah, tu te déguises ? Mais en quoi ? »

Il est vrai que cela ressemble un peu à une devinette, mais si au bout du compte cela mène à une communication plus fructueuse, l'objectif sera atteint.

Il nous est tous arrivé d'aller dans une fête de famille ou au centre commercial et de rencontrer quelqu'un qui s'adresse à notre enfant mais ne comprend pas sa réponse. La tentation est forte de parler à sa place : « Il s'appelle Georges ! » Comment vous sentez-vous quand on vous demande de clarifier une réponse et que quelqu'un d'autre le fait à votre place ? Ce n'est pas agréable, on se sent tout bête ! Pour faire en sorte que l'enfant ne vive pas de malaise, je vous propose un truc qui consiste à faire semblant. Au moment où la personne qui a questionné votre enfant vous regarde avec un point d'interrogation dans les yeux, regardez bien ce dernier et demandez-lui quelque chose comme : « Tante Lulu n'a pas bien entendu. Peux-lui redire ton nom ? » Ce ne sera peut-être pas bien plus clair. Dans ce cas, empressez-vous tout de même de le féliciter : « Bravo, Georges ! Je pense que là elle connaît bien ton nom ! » C'est un peu hypocrite, mais cela rend tout le monde heureux !

Dans le cas où votre enfant essaie de vous parler alors qu'il éprouve une émotion quelconque, le plus facile et le moins frustrant pour vous et pour lui est de tenter de comprendre ce qui semble lié à l'émotion. Ce n'est généralement pas le moment de tenter de faire parler l'enfant. Ainsi, le petit qu'on trouve rouge de colère en face de son ami qui tient un camion dans ses mains en le regardant naïvement n'a envie que d'une chose, ravoir son jouet, et il crie. Généralement, on ne comprend rien. Même chose pour l'enfant qui entre dans la maison en pleurs, avec le genou qui saigne, et qui se met à sangloter en tentant de raconter ce qui lui est arrivé. L'important, à ce moment, c'est de faire sentir à l'enfant que vous avez la situation en main. Rassurez-le, prenez-le dans vos bras, soignez-le en tentant de décrire simplement ce que vous constatez : « Je vois que tu es vraiment fâché, là » ou « Eh que tu as de la peine ! ». Dans tous les cas, vous pouvez ajouter une formule qui n'est pas magique mais qui est souvent efficace : « Calme-toi et après, on parle. » Ce sera toujours le temps, une fois l'orage passé, d'essayer de comprendre ce que vous dit l'enfant tout en reformulant au fur et à mesure ce que vous comprenez dans son explication de l'événement. Quand tout le monde est calme, vous pouvez en profiter pour lui montrer ce qu'il peut dire dans la situation en question, que ce soit pour négocier avec son ami, exprimer ses sentiments ou raconter une situation dans un ordre donné.

Finalement, gardons en tête que, comme rien n'est parfait, il peut arriver que, même avec ces moyens, nous ne parvenions pas à comprendre l'enfant. Il est important de savoir que toute la responsabilité ne nous incombe pas et que le petit qui est souvent – très souvent – mal compris par son entourage nous donne des indices d'un problème de langage, car, comme la plupart d'entre nous, les enfants veulent être compris !

Alors, j'ouvre la télé ou pas ?

De nos jours, les enfants sont non seulement exposés presque en permanence à l'agression des bruits, mais aussi à un déversement de discours (radio, télévision, lieux publics, tels que les centres commerciaux – la musique en plus –, moyens de transport, etc.) qui souvent se réduisent à une simple production sonore. Nous-mêmes, les adultes, ne les entendons plus. Dans la famille, on parle en même temps que la radio ou la télévision ; dans les magasins, on fait ses emplettes en même temps qu'on perçoit le discours publicitaire tonitrué par les haut-parleurs. Sans compter que l'évolution de la téléphonie permet maintenant aux gens de nous joindre en tout temps, quel que soit l'endroit où nous sommes ou le moment de la journée. Habitués à un bruit de fond, nous ne cherchons même pas à écouter – et encore moins à comprendre – les mots et les phrases qu'on nous dit et qui s'ajoutent à ces sons. La valeur du langage dans la vie quotidienne n'est plus la même qu'avant l'ère de l'audiovisuel.

Combien de fois avons-nous été en présence de quelqu'un qui parle au cellulaire pendant que son enfant est assis dans la poussette, dans le panier d'épicerie ou dans l'auto? Quelle conversation cette personne a-t-elle avec son petit? Il n'est donc pas étonnant que certains enfants ne se sentent pas nécessairement impliqués dans les échanges que le professeur fait en classe ou qu'ils ne ressentent pas la nécessité d'avoir à y participer.

Hum! J'ai appris tant de choses devant la télévision que je ne peux pas dire qu'elle est à proscrire. J'ai vu de si belles images, j'ai ri, j'ai pleuré si souvent! Et puis, j'aime écouter la télé... Mais chaque personne est différente, fait ses choix en fonction de ses valeurs et priorités. Je vous fais donc part des miens et de ma réflexion sur la valeur de la télé dans la vie des tout-petits. Je vous donnerai aussi l'opinion de chercheurs.

En ce qui me concerne personnellement:

- je ne m'empêche pas de partager un bon souper entre amis pour écouter une émission de télévision (même si je n'ai pas la possibilité de l'enregistrer);
- je n'interromps pas une conversation avec mes enfants pour cette raison;
- je ne mets pas la télé comme bruit de fond quand je discute avec quelqu'un.

Par contre, j'ai remarqué que je choisis mes émissions en fonction de mes intérêts du moment et de mes besoins, c'est-à-dire que:

- j'aime prendre des nouvelles du monde en écoutant les bulletins de nouvelles;

- j'aime voir de belles images dans les reportages;
- je me détends en écoutant un bon match de sport ou un suspense.

Mais qu'en est-il des enfants? Dès la naissance de l'enfant, la télévision est présente dans sa vie, et il se rendra vite compte qu'elle y prend une place importante, ainsi que dans celle de ses parents. Nous avons vu plus tôt que l'intérêt de l'enfant se porte vers tout ce qui est en mouvement et ce qui est coloré. En ce sens, il est normal qu'il soit attiré par l'écran, qui lui envoie des images correspondant à ce qui l'intéresse. Malgré ce qu'on peut penser de la valeur éducative de la télévision, il faut garder en tête qu'elle ne peut en rien remplacer la présence d'une personne. Pour apprendre, l'enfant a besoin d'un échange, ce que la télévision ne fait pas; elle donne de l'information, mais encore faut-il que l'enfant soit à l'écoute. Tout comme nous, il se peut qu'il la regarde sans vraiment porter attention à ce qui se dit. Combien de fois pourrions-nous vraiment répondre aux questions posées sur une émission que nous écoutons depuis une trentaine de minutes?

Au même titre que tous les bruits mentionnés précédemment, la télévision peut devenir un bruit de fond qui nuit à nos habitudes d'écoute et, par le fait même, de compréhension. Elle constitue un élément distrayant qui gêne la communication entre les personnes. N'est-il pas habituel dans nos familles d'avoir à interpeller plus d'une fois une personne concentrée sur une émission avant qu'elle nous réponde? L'enfant installé devant la télévision est généralement concentré au point de ne pas porter attention à ce qui sort de son champ d'intérêt. On constate, par surcroît, qu'il devient moins intéressé par le langage et davantage porté à se référer à l'image. Ce désintérêt est aussi causé par le niveau de langage utilisé. Le parent qui accepte que son enfant passe du temps devant le téléviseur devrait prendre un moment pour s'informer de ce qu'on y présente. En plus de choisir le genre d'émissions, il serait intéressant qu'il écoute ce qui s'y dit. Souvent, le langage utilisé dans les commentaires, par comparaison à ce que l'enfant est habitué d'entendre, est trop élaboré, trop compliqué, voire trop rapide, pour que son développement puisse être influencé.

Il est intéressant de demander aux enfants ce qu'ils ont retenu après l'écoute d'une émission de télé. Dans mon bureau, je fais régulièrement l'expérience, pour constater qu'ils ne rapportent que ce qu'ils ont vu et que, si l'émission comportait de l'action, ils emploient des onomatopées pour la décrire. L'action est ce qui retient l'attention, que ce soit à la télé ou lors d'un spectacle, même si les personnages parlent ou qu'il y a une morale. Il faut que les enfants aient regardé plusieurs fois un livre d'histoires avant de se décoller de l'aspect visuel pour intégrer les mots ou les messages. Pas étonnant qu'ils demandent et redemandent sans cesse les mêmes films. De plus, pour que l'enfant en retienne quelque chose ou qu'il s'attarde à d'autres aspects qu'aux images, l'adulte a son rôle à jouer. C'est lui qui peut favoriser une meilleure réflexion: «Comment s'appelle l'ami de...», «Pourquoi lui a-t-il fait ça?», «Où s'en vont-ils après?». L'enrichissement provient donc de la participation et de l'implication de l'adulte, un peu comme pour une histoire.

Certaines émissions de télé ou certains programmes de stimulation sur DVD promettent de favoriser le développement du bébé, voire d'en faire un petit génie... Cependant, le problème, c'est le discernement. Après 3 ans, les enfants ont une capacité de comprendre plus développée, et les émissions présentent des notions (chiffres, couleurs, etc.) et utilisent un vocabulaire, des phrases et des thèmes qui s'adressent à ce niveau d'âge. Par contre, l'enfant de 2 ans ou moins n'est pas en mesure de profiter de ce qui y est dit et perd un précieux temps d'exploration à *regarder* une émission dont il ne tirera aucun bénéfice.

Activités simples et pratiques pour stimuler votre explorateur

Les enfants, vous l'aurez compris, ont besoin d'attention et de stimulation pour se développer adéquatement. Je vous ai proposé plusieurs façons profitables d'entrer en communication avec votre petit. Comme je le disais précédemment, tous les moments de la journée sont propices à des échanges enrichissants entre vous et votre enfant : nul besoin de mettre en place des activités exceptionnelles ou d'acheter du matériel coûteux. Votre enfant n'a besoin que de votre disponibilité et d'un peu d'imagination de votre part.

Cependant, nous savons tous que l'activité principale des enfants consiste à explorer, à expérimenter, mais surtout à s'amuser. Chaque jour, on me demande quels jeux acheter et quelles activités faire pour mieux les soutenir dans leur développement. C'est pourquoi j'ai pensé vous donner quelques idées dans ce chapitre. Mais je dois vous mettre en garde : vous n'y trouverez pas une liste complète de suggestions de jeux, de jouets, de démarches pour fabriquer du matériel. Une foule d'excellents livres existent déjà pour stimuler votre enfant et vous amuser avec lui. Après les avoir consultés, je peux vous assurer qu'ils recèlent une mine d'or. Je vous en recommande une courte liste dans la bibliographie et vous laisse explorer les bibliothèques, les comptoirs de livres et les sites Internet, si vos besoins dépassent le cadre des propositions que je vous aurai faites.

Les suggestions qui nous sont données pour jouer avec un enfant tiennent généralement compte d'un objectif précis à poursuivre avec lui: on veut lui faire apprendre ceci ou cela, ou qu'il devienne habile dans ce domaine ou dans cet autre. Cependant, j'ai toujours eu la crainte – laquelle, à quelques reprises, s'est avérée fondée – que l'on perde de vue le but ultime de l'activité: le plaisir d'être ensemble et de s'amuser! Permettez-moi de vous faire part de mon expérience personnelle. Pendant ma formation, j'ai eu des cours et des stages variés pendant lesquels on nous permettait d'explorer divers types d'activités à faire avec les enfants. Parmi celles-ci, il y avait les marionnettes. Une fois en stage, j'ai utilisé ce moyen une seule fois, pour constater que je n'aimais pas les marionnettes, que je n'avais aucune créativité et, surtout, que je n'avais pas de plaisir et que, de ce fait, je n'apportais rien à l'enfant. Même si j'ai revu des marionnettes superbes au cours des années (de doigts, de mains, géantes, sur fil, etc.), je n'ai plus jamais retouché ce genre de matériel, et j'en suis fort aise. Par contre, si vous me parlez de jouets, de jeux de table, de bricolage ou de jeux de mots, vous allez trouver en moi une personne beaucoup plus stimulante et avec laquelle vous aurez du plaisir. Mais encore faut-il que le plaisir soit partagé. Avec toute la gamme des possibilités, il y a toujours moyen d'arriver à un compromis pour que vous et votre enfant puissiez jouer ensemble en y trouvant chacun votre compte. Je vous propose de faire le petit bilan d'autoconnaissance suivant afin de vous aider à vous connaître un peu plus et de déterminer la direction que vous prendrez dans le choix de vos activités ludiques.

Moi aussi, j'arrive avec mon bagage

- Est-ce que j'aime jouer?
- Enfant, qu'est-ce qui m'amusait?
- Aujourd'hui, à quoi ai-je envie de jouer?
- Est-ce que j'ai de l'imagination ou est-ce que j'aime les jeux déjà conçus?
- Suis-je capable de partir des intérêts de mon enfant?
- Est-ce que je connais des jeux?
- Quelle est ma préférence en matière de jeux:
  - les jeux moteurs: courir, chatouiller, etc.;
  - les jeux qui bougent et qui utilisent des balles, des ballons, etc.;
  - le bricolage;
  - les casse-tête;
  - les jeux de construction;
  - les scénarios, les marionnettes, etc.;
  - les jeux de société avec des règles;
  - les jeux de cartes;
  - les jeux de mots;
  - les jeux extérieurs;
  - les jeux intérieurs;
  - je n'aime pas jouer, mais je fais participer mon enfant aux activités de la vie quotidienne.

À partir de vos réponses, explorez le contenu des activités suivantes. Je vous souhaite d'y trouver ce qui vous permettra de passer des moments de bonheur avec votre petit. Rappelez-vous que père et mère n'affectionnent pas nécessairement le même genre de jeux et qu'il serait normal qu'ils ne fassent pas les mêmes choix. Des aspects différents seront ainsi stimulés et auront un impact complémentaire sur le développement de l'enfant.

Les jouets peuvent être rangés de diverses façons. Certains aiment les mettre dans des bacs ou des coffres, ou encore sur des étagères. Mais gardez en tête qu'il peut être intéressant de ne pas placer tous les objets à la portée de l'enfant, afin qu'il ait à se déplacer, à réfléchir à une façon de les prendre ou à les demander.

Les jeux improvisés

Pour le bébé

Les activités toutes simples qui se pratiquent avec ce que vous avez sous la main permettent d'utiliser votre créativité sur-le-champ, sans complication. Les bébés s'amusent facilement de ce qui bouge et des expressions du visage.

Jeux de « Coucou ! » ou de cachette

Prenez un jouet, un toutou ou tout autre objet coloré ou sonore. Une fois que vous vous êtes assuré que l'enfant le regarde bien, déplacez-le lentement pendant qu'il le suit du regard. Approchez-le doucement du bébé et touchez une partie de son corps, son ventre par exemple, en émettant des sons amusants ou en lui disant une courte phrase : « L'ourson va tout manger ton petit ventre. Miam miam miam. » Sachez que les enfants aiment beaucoup les onomatopées, soit les mots qui imitent des bruits d'objets, d'animaux, etc.

Dans le lit, prenez son doudou, un oreiller ou une couverture, et cachez votre visage. Puis, découvrez-le en prenant une expression de surprise et en disant : « Coucou ! »

Faites le même genre de jeu avec un toutou ou un de ses jouets favoris. Cachez-le sous un coussin ou derrière vous, puis demandez-lui, en faisant un visage surpris : « Mais où il est, le toutou ? » Faites-le réapparaître en disant : « Coucou ! »

À l'heure du bain, utilisez une débarbouillette que vous mettrez sur vos yeux, votre visage ou celui de votre enfant. Retirez-la et faites une expression de surprise en disant : « Coucou ! »

Lorsque le bébé s'intéresse à un petit objet, dissimulez-le partiellement dans votre main pour qu'il n'en voie qu'une partie. Si l'objet est sonore, agitez votre main et attendez une réaction de la part de l'enfant. Accompagnez ce jeu de phrases comme : « Mais qu'est-ce qui fait ce bruit ? », « Où elle est, la petite cloche ? ». Puis, montrez-lui partiellement le jouet afin de voir s'il tentera de le prendre : « Le veux-tu ? Allez, essaie de tirer dessus. » Ensuite, selon sa réaction, vous pouvez le lui mettre dans la main.

Les jeux d'exploration

Les bébés ne connaissent pas encore leur environnement proche et n'ont pas non plus eu accès aux nombreux jouets qui sont proposés sur le marché. D'ailleurs, ces derniers ne sont pas essentiels pour assurer un bon développement. À titre d'exemple, nous remarquons que plusieurs enfants possèdent, au-dessus de leur lit, un mobile qui peut être musical ou non. L'intérêt de ce jouet est, de par son apparence, d'attirer l'attention de l'enfant et de le faire réagir. De plus, on constate fréquemment qu'il suscite chez lui des vocalisations : l'enfant « parle » à son mobile. Mais vous remarquerez qu'il en fait tout autant lorsque c'est vous qui vous approchez de lui.

Nul besoin donc de courir les magasins, les ventes-débarras et d'équiper votre maison comme un centre de la petite enfance. Fournissez-lui des objets que vous trouverez dans votre maison : vous avez sous la main une mine d'or. Ramassez des rouleaux d'essuie-tout ou de papier de toilette vides, des boîtes de papiers-mouchoirs vides, des cuillères ou des tasses à mesurer, des récipients ou des bols en plastique, des bouteilles de médicaments vides, des contenants de yogourt nettoyés, etc.

Laissez l'enfant explorer les possibilités de ces objets, et vous serez parfois surpris de voir comment il peut être captivé par un pot de plastique : il essaiera à maintes reprises d'y faire tenir le couvercle, de le mettre à l'envers ou de le remplir de divers objets.

Le bain est un autre beau moment de proximité et de complicité où il est possible d'enseigner les noms des parties du corps, de décrire les gestes que l'on fait, les réactions que l'on suscite : « Ah, tu n'aimes pas ça quand je te lave les oreilles ? », ou encore « Ça chatouille quand on touche les petits orteils ! ».

Inévitablement, vous recevrez des cadeaux ou vous serez tenté de lui acheter des jouets. Privilégiez ceux qui créent un effet de surprise. Par exemple, certains jouets comportent des boutons, des clés, des manivelles qui, lorsque l'enfant appuie dessus, les insère ou les actionne, font apparaître un personnage, découvre un autre objet, etc.

Les jeux d'imitation

Un des moyens qui sert à l'apprentissage chez l'enfant est l'imitation. Ce dernier tente de faire comme les autres pour se sentir pareil à eux, pour entrer en communication avec eux. Au départ, il pourra imiter d'une manière maladroite, mais au fur et à mesure qu'il s'entraînera, il pourra améliorer ses performances. L'imitation que fait l'enfant peut être amorcée par lui, mais elle peut aussi être faite à notre demande afin de l'inviter à apprendre un geste, des sons, un mot, etc.

Pour qu'il devienne habile, qu'il ait le goût de faire comme nous, il est très important d'accepter l'enfant avec ses maladresses. Il ne faut d'ailleurs pas voir les essais non réussis comme des erreurs, mais plutôt comme des tentatives. Dire à un enfant : « C'est pas comme ça qu'on fait ça », « Ben non, tu l'as pas encore eu » ou quelque autre commentaire visant à lui démontrer qu'il n'est « pas bon » revient à l'empêcher d'apprendre. Ses apprentissages sont comparables à ceux que nous devons faire comme adultes pour apprendre à conduire, à faire une nouvelle recette, à assimiler les tâches d'un nouvel emploi ou à réparer un objet électrique. Rien de plus démotivant que de recevoir un commentaire négatif dans ces cas-là. Pensons-y avant de décourager notre petit !

Voyons ce que nous pourrions enseigner à notre enfant au fil des ans.

Des gestes :

- Faire des bruits avec la langue : claquements, sons de galop, etc.
- Faire des grimaces variées.
- Faire des sons de baiser, puis donner un baiser en avançant les lèvres.
- Faire des «Coucous!».
- Fermer les deux yeux et les rouvrir (faire des beaux yeux).
- Faire semblant de dormir.
- Faire au revoir avec la main quand il part ou que quelqu'un s'en va.
- Faire des clins d'œil.
- Taper dans la main de l'autre (comme les sportifs).

Avec des objets :

- Caresser un toutou ou une poupée.
- Agiter un objet bruyant.
- Faire semblant de dormir sur un coussin, une couverture, etc.
- Cogner sur un bol avec une cuillère de métal ou de bois.
- Pousser une auto miniature dans un rouleau de papier vide.
- Faire glisser des personnages sur une glissoire jouet ou un rouleau de papier coupé en deux sur la longueur et incliné.
- Rouler un objet (une céréale, un bouton, un sou, etc.).
- Ouvrir et fermer une boîte, un coffret, un porte-monnaie, etc.
- Montrez-lui à se servir du téléphone en lui procurant un modèle pour enfants ou un vieil appareil. Faites semblant de lui téléphoner et montrez-lui comment répondre et avoir une conversation téléphonique.
- Montrez-lui à se servir des objets de la même façon que vous le faites, afin qu'il s'habitue à imiter et qu'il apprenne comment s'en

servir. En ce sens, vous pouvez lui constituer une boîte avec un peigne, une brosse, une serviette, une poupée, un biberon, etc.: «Viens, on va se mettre beau. Qu'est-ce qu'on prend pour placer nos cheveux? Bien oui, c'est la brosse. Moi, je préfère un peigne. Toi, tu prends la brosse. Moi, je prends le peigne.»

Des bruits et des sons:

- «A-a, a-a!», en se berçant.
- «Mmm!», en se frottant le ventre.
- «Boum!», quand un objet tombe.
- «Rrr», avec des véhicules jouets.
- Des bruits de baiser.
- Des cris d'animaux.

Pour le jeune enfant

À partir des objets que vous aurez ramassés dans la maison, rien ne vous empêche de guider ses découvertes en lui montrant quelques activités qu'il peut faire: les cogner ensemble, les mettre l'un dans l'autre, etc. Le bruit que fait une cuillère qui cogne un plat de plastique n'est pas le même que celui qu'elle fait sur une boîte de carton.

Une boîte vide de papiers-mouchoirs ou un contenant de margarine dont vous aurez fendu le couvercle comme une tirelire permettront à l'enfant de développer ses habiletés à insérer des objets dans une fente. Selon son âge, vous lui donnerez de petites voitures, de petits animaux, des boutons ou des sous. En même temps, vous pourrez guider ses gestes en lui expliquant: «Celui-ci n'entre pas parce qu'il est trop gros. Lequel est plus petit? Ah oui, celui-ci entre bien. Bravo!»

Quel plaisir pour les enfants que les petites voitures intéressent de les voir disparaître dans un rouleau de papier essuie-tout, de les entendre glisser, puis de les voir réapparaître à l'autre bout!

Les jeux de classement et de regroupement

Donnez-lui de petits objets (des blocs, des animaux et des voitures miniatures, des boutons, etc.) et le nombre de boîtes correspondant aux catégories d'objets que vous lui aurez fournis. Jouez avec lui à classer le tout : toutes les voitures dans une boîte, tous les animaux dans une autre, etc. Jouez à tour de rôle. Chaque fois que vous prenez un objet, nommez-le et mentionnez à quelle catégorie vous croyez qu'il appartient : « J'ai pris un mouton. Il va dans la boîte des animaux. »

Amusez-vous à divers types de classements en plaçant des objets en rangées sur le bord du bureau ou du bain. Mettez-les d'abord par catégories (tous les animaux ou toutes les voitures ensemble), puis par sous-catégories (les animaux de la ferme séparés des animaux de la jungle, les voitures par couleurs).

Les créateurs de jouets pour les enfants ont étudié leur développement. Ils les connaissent bien et conçoivent leurs produits en fonction de ce qu'ils croient qui est approprié pour apprendre. On trouve ainsi sur le marché des jouets qui s'empilent, s'encastrent, se tirent, se poussent, s'enfilent, s'insèrent... Enfin, tout pour favoriser un échange à deux. Ces jouets sont conçus de manière à stimuler le sens de la découverte et à activer les liens entre les neurones. Ils incitent l'enfant à tenter de comprendre les rapports entre certaines actions qu'il fait et les réactions que cela entraîne. On peut présumer que l'enfant se dit : « Je pousse sur le bouton, et la porte s'ouvre. Donc, si je veux ouvrir la porte d'à côté, je n'ai qu'à pousser l'autre bouton. »

Les jeux et les jouets achetés

Pour le bébé

Pensons aux mobiles, qui remplissent bien la tâche de soutenir l'attention du bébé, de l'intéresser aux couleurs et au mouvement, mais qui souvent l'incitent aussi à parler.

Il y a également le tableau ou la couverture d'activités. Conçus spécialement pour les bébés, ces jouets leur permettent d'expérimenter des textures variées, de se regarder dans un miroir, d'écouter divers bruits (roue qui craque, clochette, velcro qui se détache, etc.), de pratiquer la motricité fine, etc.

On trouve aussi en magasin de petits gyms d'exercices. L'enfant se couche en dessous et comme il est à l'âge où il aime particulièrement soulever ses jambes pour regarder ses pieds, il lui arrive de frapper, d'abord accidentellement, un des jouets qui y sont accrochés. Le bruit ou le mouvement provoqués développeront chez lui le sens de l'intention. Il tentera donc de reproduire par lui-même, intentionnellement cette fois, le geste qui a produit la réaction.

Pour le jeune enfant

Plus tard, les jouets offerts sur le marché offrent de grandes possibilités. Certains sont musicaux, d'autres se poussent ou roulent. Il existe aussi une variété indescriptible de jouets de construction, de blocs, de personnages, de maisonnettes, de voitures, etc. Tous les jouets devraient être achetés dans le but d'encourager le développement de l'imagination et la créativité de l'enfant. Les compagnies qui les conçoivent suggèrent parfois une utilisation de leurs produits, mais il n'est jamais mauvais de laisser l'enfant créer ses propres façons de jouer, à condition qu'il soit aussi capable de respecter à l'occasion les règles de certains jeux. Les enfants aiment et ont besoin de découvrir des manières d'intervenir, de créer leurs propres scénarios. À certains moments, votre présence sera souhaitée, car vous aurez un rôle à jouer dans son apprentissage. L'enfant aimera vous montrer ce qu'il fait avec ses personnages et aura besoin de vos encouragements. Vous pourrez aussi jouer en parallèle avec lui, c'est-à-dire à côté de lui, mais sans intervenir dans son jeu. Pendant ce temps, vous vous inventez aussi un jeu, des rôles, des personnages, et vous leur faites faire des actions. Mais vous ne demandez pas à votre enfant de faire comme vous, et vous le laissez jouer de son côté. C'est lui qui tentera peut-être d'entrer dans votre scénario. En vous regardant, il sera enrichi par vos idées, qu'il concrétisera peut-être la prochaine fois.

Jouer à côté de notre enfant est une façon détournée de lui enseigner des choses en le guidant sans lui imposer une façon de faire.

Les jeux de société

Dans tous les cas, il est important de donner à l'enfant des consignes courtes et claires. Beaucoup d'enfants comprennent mieux si on leur démontre ce dont on parle au fur et à mesure plutôt que de ne s'en tenir qu'aux mots. Les tours qui ne comptent pas et qui servent d'exemples sont toujours les bienvenus, surtout si le jeu est plus compliqué. D'ailleurs, nous le faisons aussi spontanément lorsque nous essayons un nouveau jeu de cartes ou de société, et même quand nous apprenons un nouveau sport.

Les jeux sont pensés et conçus en fonction de la moyenne des enfants. Il se peut que le vôtre n'ait pas la capacité d'attention ou la concentration nécessaires, même si son âge correspond à celui indiqué sur la boîte. Rien ne sert alors d'insister: il s'agit d'un jeu. Vous ne voulez pas le décourager; alors, donnez-lui l'aide nécessaire pour terminer le jeu afin qu'il n'ait pas l'impression d'avoir échoué, et reprenez-le quelques semaines plus tard.

Il n'est pas toujours aisé de faire la différence entre un jeu trop difficile pour l'enfant et un qui ne l'intéresse pas. Si vous lui proposez divers types de jeux, vous constaterez probablement que le vôtre est plus intéressé par un type ou un autre. Je vous conseille d'opter pour la variété; ne vous laissez pas influencer par le fait qu'il n'aime que les jeux moteurs, par exemple. Un jour ou l'autre, votre enfant devra s'asseoir à une table et se concentrer sur une activité. Il sera plus facile de commencer alors qu'il est petit, quitte à diminuer les exigences du jeu. Par exemple, s'il y a douze paires d'images dans un jeu de mémoire, n'en prenez que trois ou quatre pour commencer. L'important est que l'enfant commence et termine une activité, tout en conservant son attention pendant toute la durée de celle-ci.

Les jeux de loto (dès l'âge de 2 ans)

Un jeu de loto est constitué de cartes sur lesquelles quelques objets sont représentés et de petits cartons découpés qui représentent les mêmes objets que ceux que l'on retrouve sur les cartes.

Le but du jeu est de placer un petit carton sur l'image de la carte qui est identique. Comme les joueurs pigent tour à tour, le premier joueur à couvrir sa carte est le gagnant. Ce jeu est parmi les premiers à être présentés à l'enfant en raison de la simplicité de ses règles.

On lui apprend entre autres à faire un lien entre un mot et une image, à prendre son tour dans une situation, à demeurer attentif pendant une période de temps définie et à terminer une activité.

Ce jeu, visuel au départ, peut aussi servir de stimulation du langage si, lorsque nous pigeons une carte, nous nommons l'objet représenté. Encore une fois, retenons-nous de faire répéter chaque mot à l'enfant, ou encore de lui demander de nommer les cartes que nous pigeons, car il se lassera vite du jeu, trouvant qu'il est le seul à participer. Comme dans tout jeu, lorsque nous pigeons une image, il importe que ce soit nous qui la nommions ou qui parlions de ce que nous avons à faire. Nous pouvons ainsi nous assurer que l'enfant est à l'écoute et qu'il regarde ce que nous faisons. J'irais même jusqu'à faire la suggestion suivante : lorsque nous jouons à des jeux imagés, avant de nommer ce que nous avons pigé, nous devrions placer l'image à côté de notre bouche de façon que l'enfant voit en un coup d'œil notre bouche, l'image et notre prononciation.

J'encourage aussi la fabrication d'une version maison de ce jeu avec ce que nous avons sous la main. La raison est simple : sans compter les économies, le temps qui aura servi à sa préparation aura été profitable à l'enfant, car nous aurons partagé un moment avec lui, nous lui aurons parlé, nous aurons fait en sorte que le matériel soit adapté à ce avec quoi il est en contact à la maison et il aura aussi beaucoup de plaisir à jouer avec un jeu qu'il aura conçu.

Comme nous recevons chaque semaine des circulaires des magasins à grande surface, des épiceries, des quincailleries et des pharmacies, nous avons en main tout ce qu'il faut pour fabriquer des cartons sur lesquels regrouper par catégories les images des aliments que l'enfant consomme, des objets dont il est entouré. Nous pouvons faire facilement des cartes de légumes, de fruits, de meubles, de produits pharmaceutiques, d'outils, d'articles de cuisine, etc. Nous devons seulement aller demander les doubles de ces circulaires à un voisin ou à un membre de notre famille.

Les jeux de parcours (entre 3 et 4 ans)

Le plus connu des jeux de parcours est probablement celui de «Serpents et échelles». Mais pour avancer en suivant le parcours, l'enfant doit avoir une connaissance de la valeur des chiffres. C'est pourquoi il est recommandé de commencer par les jeux où il n'a pas à compter. Certains utilisent un dé avec des faces de couleur au lieu des points habituels, ou de petits cartons colorés. Le joueur lance le dé, ou pige un carton, et avance jusqu'à la couleur indiquée sur le parcours. Dans un tel jeu, l'enfant apprend à attendre son tour, à comprendre certaines notions de mathématiques (plus on avance, plus on court la chance de gagner), à perdre et à gagner.

Vers 4 ou 5 ans, ou quand l'enfant sait compter, on peut introduire les jeux de parcours avec de vrais dés.

Les jeux qui favorisent le développement du vocabulaire

Vous remarquerez que certains jeux commerciaux comportent principalement des images représentant des objets de la maison, des animaux, des aliments, etc. Il s'agit de jeux de loto, mais il y a aussi des jeux de bingo, des dominos, des tableaux associés à des cartons représentant des objets à retrouver, des jeux d'association, etc. Tous peuvent être utilisés sans avoir à nommer les images. D'ailleurs, leurs instructions ne décrivent pas une façon d'y jouer oralement.

Cependant, si nous avons en tête de développer le vocabulaire de notre petit, il est souhaitable de profiter du temps passé avec lui dans une situation de jeu pour parler et l'inciter à le faire. L'occasion est belle de lui demander de nommer les images qu'il pige, car à notre tour, nous le ferons. Comme l'enfant apprend par l'exemple, il sera pour lui plus normal de dire le mot au cours du jeu que dans la vie de tous les jours. Par exemple, dans un jeu de domino d'associations (on doit mettre bout à bout les images qui représentent deux objets de la maison qui vont ensemble, par exemple la brosse à dents et le dentifrice, le marteau et le clou, le bain et le savon, etc.), nous pouvons piger un carton et dire ce que nous y voyons : «J'ai un balai et un savon. Sur le jeu, il y un porte-poussière mais pas de bain. Le balai va avec le porte-poussière. Je vais les mettre ensemble. Quand on trouvera le bain, on le placera à l'autre bout.»

Les jeux qui comportent de telles cartes imagées peuvent avoir d'autres fonctions. Prises individuellement, ces cartes peuvent être pigées puis servir à un jeu de devinettes. Il s'agit de donner des indices à l'enfant pour qu'il devine ce que nous avons en main. On privilégiera une façon structurée de jouer en commençant par le nom de la catégorie à laquelle appartient l'objet (un animal, un moyen de transport, un fruit, un vêtement, etc.), puis on ajoutera les caractéristiques physiques qui le distinguent des autres de sa catégorie (sa couleur, sa fonction, etc.). Par exemple : «J'ai l'image d'un animal. Il a de grandes oreilles, il aime manger de la laitue et des carottes.»

Les jeux qui favorisent le développement des phrases

Les jeux commerciaux ne sont souvent pas axés sur le développement de phrases précises ou plus compliquées. Cependant, il suffit parfois d'un peu d'imagination pour se servir de certains jeux créés au cours des dernières années dans le but déterminé de faire produire à l'enfant des phrases d'un type particulier comportant, par exemple, un sujet, un verbe et un complément, ou encore des pronoms interrogatifs (qui, qu'est-ce que, où, etc.). Je propose en ce sens d'aller voir du côté des jeux des 7 familles, des jeux où l'on doit apparier deux objets (comme celui décrit précédemment), ou encore des jeux où on raconte ou invente des histoires.

Il y a aussi les paires d'images, à l'intérieur desquelles on doit trouver les différences, les images dans lesquelles on doit trouver un personnage caché ou celles d'un album à colorier. Nous avons l'habitude de les utiliser pour que l'enfant entoure l'erreur, retrouve le personnage ou colorie l'image, mais nous pouvons aussi en profiter pour lui faire dire ce qu'il voit. La façon dont nous poserons nos questions l'incitera à utiliser certains types de phrases. Par exemple: «Dis-moi ce que fait le personnage que tu colories.» Il devrait en principe répondre quelque chose comme: «Il peinture la maison», phrase qui comporte un sujet, un verbe et un complément. Dans les jeux de différences, on peut décrire chacun son tour ce qu'on voit pour que l'autre sache quelle est l'erreur et l'entoure, par exemple: «Le chapeau du clown a deux étoiles et l'autre chapeau en a seulement une.»

Les jeux qui favorisent le développement de la compréhension du langage

Toutes les activités proposées jusqu'à présent sont favorables au développement de la compréhension du langage, puisqu'elles comportent des règles que l'enfant doit écouter et saisir, et qu'elles l'engagent dans une activité qui lui demande de comprendre des mots de vocabulaire, de grammaire ou des phrases. On se rappellera que le langage est constitué de concepts définis, comme les notions qui qualifient ou celles qui fournissent des détails sur un objet. Plusieurs jeux existent pour faire apprendre les nombres, les couleurs, les notions spatiales, les grosseurs, etc. Encore une fois, il faut penser à les utiliser d'une manière autre que visuelle. Il est important de demander à l'enfant de nommer ce qu'il voit, de jouer avec lui à tour de rôle, de nommer pour lui les concepts qui sont représentés, tout en précisant la raison pour laquelle il en est ainsi. Par exemple, dans un jeu où des qualificatifs sont représentés par des images de contraires, nous pourrions en piger une première et dire: «J'ai un éléphant qui est gros. De quoi donc vais-je avoir besoin? Ah oui, c'est gros (on fait ici le geste avec les mains élargies) et je cherche quelque chose de... (on diminue l'espace entre les mains) petit.»

Plusieurs jeux du commerce concourent à expliquer les concepts, mais on retrouve également une grande quantité de cahiers d'activités qui les illustrent et demandent à l'enfant de faire quelque chose en lien avec ceux qui sont enseignés. Ces cahiers peuvent être de bons moyens de préparer l'enfant à l'école en lui enseignant à s'asseoir, à centrer son attention sur une tâche et à respecter des consignes, comme il devra le faire dans peu de temps.

Où se procurer du matériel sans se ruiner ?

Nécessairement, les magasins de jeux éducatifs, ceux à grande surface et les commerces qui offrent des articles à prix modique offrent une gamme variée de jeux et de jouets. On peut également en retrouver en excellent état dans les ventes-débarras, les bazars ou les magasins d'articles d'occasion. Des municipalités et des regroupements ont mis sur pied des joujouthèques, lesquelles respectent les mêmes conditions que les bibliothèques. Elles offrent en plus la possibilité d'emprunter certains logiciels qui stimulent divers aspects du langage et des concepts préscolaires.

Attitudes conseillées pour jouer avec son enfant

- S'installer à sa hauteur, par terre ou à la table.
- Lui présenter le jeu d'une manière positive, dans le but de s'amuser tous les deux.
- Observer son jeu pour tenter de comprendre son scénario.
- Décrire ce qu'il fait.
- Imiter ce qu'il fait, en décrivant l'action.
- Participer à son scénario.
- Éventuellement, créer un nouveau scénario qu'il pourra adopter.

Attitudes déconseillées pour jouer avec son enfant

- Se mêler de son jeu dès qu'on s'installe avec lui.
- Lui poser des questions sans jouer avec lui («Qu'est-ce que tu fais?», «Comment s'appelle-t-il?», «Où est-ce qu'il va?», etc.).
- Accaparer le matériel de jeu.
- Imposer sa façon de jouer ou vouloir à tout prix suivre les règles inscrites sur la boîte du jeu.
- Vouloir coûte que coûte suivre un scénario qui nous apparaît plausible; ne pas accepter que l'enfant fasse exécuter des actions inhabituelles à ses personnages.
- Le disputer ou le critiquer s'il fait un scénario qui n'est pas «dans les règles» habituelles.

Les comptines

Les comptines sont des suites de courtes phrases rythmées, écrites en rimes et amusantes. Elles sont un élément de stimulation sur le plan du langage. Elles consistent à faire des jeux de sons, des jeux de mots ou des structures de phrases particulières. Leur construction et le fait qu'on y ajoute des gestes facilitent leur mémorisation par les enfants. De plus, elles sont souvent la première porte d'entrée vers un langage plus littéraire, semblable à celui que l'enfant retrouvera dans les livres ou, plus tard, à l'école. Souvent, c'est à l'intérieur des comptines qu'il entend la bonne application des règles du français. C'est une excellente façon de lui inculquer les bons usages des structures de phrases sans avoir à le reprendre. Cela évitera les fréquents problèmes d'opposition ou de découragement des efforts communicatifs. Dans les comptines, les phrases sont bien structurées, bien prononcées, les mots articulés plus facilement compte tenu du rythme. Ainsi, les enfants se sentent moins menacés si on doit les corriger. On constate que des structures de phrases s'enregistrent automatiquement dans leur tête. Si on regarde de plus près la construction des comptines, on constate que les petits y apprennent aussi du vocabulaire et qu'ils développent les habiletés métalinguistiques nécessaires à l'apprentissage du langage écrit.

L'aspect amusant des comptines n'est pas à négliger. C'est une activité stimulante pour l'enfant et qui peut être faite sans effort de sa part, il suffit qu'il y soit exposé très tôt. Alors, pourquoi ne pas tenter l'expérience quand il est tout petit? Connaissez-vous celle qui va comme suit: «Pique, pique, pique; roule, roule, roule...»? Pas de matériel, les mains seulement! Quelle belle suggestion pour la salle d'attente, le parc et même en voiture! Amusez-vous à en apprendre une et récitez-la à votre enfant pendant qu'il est bien installé et qu'il n'a rien d'autre à faire que de vous écouter.

Lorsque l'enfant vieillit, on peut se permettre un peu plus de mots, des choix de mots plus complexes et des phrases plus complètes. Celui qui fréquente un milieu de garde ou l'école sera assurément en contact avec des comptines et pourra même vous en faire connaître. J'ai noté que les petits qui viennent de les apprendre les redisent souvent en baragouinant quelque chose qui ressemble à ce qu'ils ont compris, et que la mémorisation ne leur sert qu'après un peu plus d'entraînement. Parce qu'ils ont une articulation moins claire ou qu'ils séparent mal les suites de mots qu'ils ne connaissent pas encore, une phrase comme: «Que vas-tu faire quand la pluie tombera?» pourrait ressembler à: «Que tu vas faire si la piton rat.» Parents et enfants vivent souvent des frustrations à ce sujet, et certains petits refusent parfois de répéter les comptines parce qu'ils ressentent de la gêne, que l'entourage a rigolé ou qu'on leur a fait reprendre les phrases à répétition. Quelques moyens détournés peuvent aider l'enfant à les apprendre pour développer sa confiance et sa fierté:

• Procurez-vous les textes des comptines. Demandez à la personne responsable de votre enfant de vous les fournir.

• Apprenez-les et récitez-les vous-même pendant que vous vous rendez au parc ou au magasin avec votre enfant, mais sans rien lui demander. Le seul fait de les écouter pourra l'aider à les mémoriser.

- S'il semble intéressé, incitez-le à les dire avec vous, toujours sans le lui demander. Pour ce faire, commencez à dire une phrase, puis laissez-le la compléter en prenant un ton interrogatif, par exemple : «Que vas-tu faire quand la pluie...?» Si ce jeu plaît à votre enfant, arrêtez votre phrase un peu plus tôt pour l'amener à dire plus de mots : «Que vas-tu faire quand...?»

Exemples de comptines pour les sons :

- Aaa, dit le rat.
- Ééé, dit le bélier.
- Iii, dit la souris.
- Ooo, dit le crapaud.
- Uuu, dit la tortue.

Exemples de comptines pour les sons et le sens :

- Simon joue à l'avion.
- Mathys prend son hélice.
- Annabelle tire sur une aile.
- Filou arrache une roue.
- Mathieu ôte la queue.
- Marie dit : «Le jeu est fini.»

Exemples de comptines pour les phrases :

- Que fais-tu en janvier?
  Je regarde la neige tomber.
- Que fais-tu en février?
  Je vais dehors pour jouer.
- Que fais-tu en mars?
  Je ne tiens plus en place.
- Que fais-tu en avril?
  Je ne me découvre pas d'un fil.
- Que fais-tu en mai?
  Je regarde les jonquilles pousser.

Les livres

Vous croyez peut-être que c'est à l'école que votre enfant apprendra à lire et que tout débutera quand il arrivera en première année. Cependant, c'est lorsqu'il est tout petit que l'enfant se prépare, avec notre aide, à porter de l'intérêt aux caractères écrits et aux livres. Dès qu'il peut tenir un livre dans ses mains, il progresse sur le chemin de la lecture. Mais nous, comme parents, comment envisageons-nous notre rôle dans cet apprentissage?

Moi aussi, j'arrive avec mon bagage

- Quand on vous parle de lecture, est-ce que ça vous rappelle des souvenirs?
- Aimez-vous lire?
- Vous sentez-vous habile pour lire à votre enfant ou avec lui?
- Connaissez-vous la façon de rendre la lecture intéressante?
- Y a-t-il un moment où vous et votre enfant êtes plus disponibles pour regarder un livre ensemble?
- Quel endroit de la maison est le plus confortable pour vous installer avec votre enfant?
- Connaissez-vous des livres pour enfants?
- Avez-vous une idée de la sorte de livres qui pourrait captiver votre enfant?
- Savez-vous où vous procurer des livres?
- Avez-vous pensé à regarder des revues pour enfants?

L'enfant apprend par les livres s'il trouve cette activité plaisante. C'est à l'adulte qui les lui présente de trouver ce qui intéresse l'enfant, de déterminer le moment où celui-ci est disposé à cette activité calme et où lui-même a la disponibilité et la patience de s'engager dans cette activité.

Très tôt dans leur vie, les enfants aiment qu'on leur raconte des histoires, et généralement ils préfèrent qu'on reprenne les mêmes maintes et maintes fois. Cela éveille leur curiosité : ils aiment les images, s'attachent aux personnages et aux événements qui se passent. Cela les rassure aussi : ils peuvent de plus en plus prévoir ce qui va arriver et le comprennent de mieux en mieux, ce qui les amène à porter attention à ce qu'on leur dit. Capables de se détacher du contenu de l'histoire, ils écoutent de plus en plus les mots, les phrases et sont fiers de démontrer qu'ils ont appris quelque chose. Changez un mot ou une expression, et vous verrez vite qu'ils vous corrigeront sans tarder, vous mentionnant que vous vous êtes trompé ! De lui-même, l'enfant qui s'intéresse aux livres s'implique dans l'activité : il montre spontanément une image en la nommant ou pour vous entendre dire le mot, ou encore commente.

Plusieurs recherches ont souligné l'intérêt de la lecture de livres d'images entre parents et enfants pour le développement langagier, et notamment celui du vocabulaire. Les livres proposent aux enfants une variété de vocabulaire qu'ils n'auraient pas la possibilité d'entendre dans le langage parlé. De plus, s'installer avec un livre d'images développe chez l'enfant l'habitude d'écouter et de se concentrer, de même que l'attention partagée (regarder ensemble le même objet) avec son parent. Ce sont en outre des situations très répétitives qui permettent de comprendre la signification des mots en regardant des images. Vers l'âge de 4 ou 5 ans, les enfants sont très ouverts à l'apprentissage du vocabulaire et peuvent en améliorer leur compréhension en écoutant une lecture d'un livre. Ce n'est qu'après plusieurs lectures de la même histoire qu'ils seront en mesure de produire ce même vocabulaire.

Bien entendu, les milieux de garde et les écoles ont compris l'importance de l'histoire dans le développement des enfants. Des programmes ont été mis en place pour trouver les types de livres convenant à chaque âge ainsi que la façon de raconter l'histoire et d'exploiter avec les enfants des produits dérivés (dessiner un personnage, créer une marionnette à son effigie, construire sa maison, etc.). Il reste que l'enfant qui aime déjà les livres, qui sait ce qu'ils contiennent, comment ils peuvent être amusants démontrera dès le départ plus d'intérêt. Mais le point essentiel de ces programmes est que pour profiter de la richesse de se faire raconter une histoire, l'enfant doit se sentir concerné par la lecture. Lorsqu'il est en groupe, il doit être capable d'écouter, de savoir que l'histoire le concerne autant que les autres enfants de son groupe et de démontrer un comportement attentif, sans se laisser déranger par ses petits voisins.

Que faire en regardant un livre avec un enfant?

- C'est une bonne habitude à prendre de ne pas ouvrir le livre dès qu'on est installé, mais de regarder la couverture avec l'enfant, de lui lire le titre, de regarder l'illustration et, lorsqu'il est plus vieux, le nom de l'auteur et de l'illustrateur. Le titre et le dessin de la couverture en disent déjà long sur ce qu'on va trouver dans le livre. En plus de faire en sorte qu'il sera davantage à l'écoute – puisqu'il voudra voir si ce qu'il a tenté de découvrir se retrouve effectivement dans l'histoire –, cette habitude développe plusieurs éléments chez l'enfant: son sens de l'observation, le goût de vérifier ses prévisions ainsi que sa capacité à poser des hypothèses et à les vérifier (je vois peut-être un peu trop loin pour vous, mais il devra en faire plus d'une lorsqu'il apprendra les mathématiques et les sciences!).

- Utilisez un ton enjoué, dynamique, et servez-vous de l'intonation pour marquer la surprise ou exprimer des questions.

- Montrez du doigt ce sur quoi vous désirez attirer l'attention de votre enfant et assurez-vous qu'il y porte de l'intérêt.

- En demandant à l'enfant de répéter certains mots, vous l'aidez à les apprendre. Faites attention de ne pas le forcer et, surtout, ne le faites qu'une ou deux fois par mot, car vous risquez de lui faire perdre son intérêt pour l'histoire et de le décourager, s'il ne parvient pas à dire le mot aussi bien que vous. On ne peut s'attendre à ce que l'enfant prononce correctement au premier essai. Une fois qu'il a répété le mot, redites-le-lui en approuvant ce qu'il vient de dire, quitte à accentuer le son qui était absent ou mal prononcé : «Oui, c'est bien un tracteur!» Par ailleurs, l'enfant a plus de chances de se rappeler le mot si vous l'avez associé à son image.

- Expliquez à l'enfant les différences entre deux objets plutôt que lui dire carrément qu'un mot n'est pas correct. Par exemple, s'il vous montre un animal en s'exclamant : «C'est une vache!» alors que c'est une chèvre, vous serez possiblement tenté de lui répondre : «Ce n'est pas une vache, ça. C'est une chèvre!» Essayez donc plutôt ceci : «C'est vrai que cet animal ressemble à une vache et qu'il donne du lait aussi. Mais, tu vois, elle est plus petite, elle n'a pas de taches, et puis regarde ici (vous montrez avec votre doigt) : la chèvre a une barbichette mais pas la vache.» Non seulement l'enfant ne vivra pas la frustration de se faire dire qu'il s'est trompé, mais il aura appris beaucoup dans cet exemple ; il saura dorénavant comment faire la différence entre les deux animaux en se basant sur des éléments concrets : la barbiche, la couleur et la grosseur.

- N'hésitez pas à ajouter des informations en parlant d'une image, car cela aide encore plus votre enfant à améliorer son vocabulaire. La progression à suivre pourrait être la suivante :
  - Avec les petits, donnez la couleur, comparez la grosseur, décrivez la forme.
  - Quand l'enfant semble vouloir en savoir plus et qu'il comprend les notions de couleur, de grosseur et de forme, parlez des positions (notions spatiales), de la notion de nombre (compter) et de ce que font les personnages.
  - Chez les enfants plus vieux ou dont la compréhension est meilleure, faites des liens avec leurs connaissances, leur vie, leurs expériences («Le chien a couru dans la boue et vient d'entrer dans la maison avec les pattes toutes sales. Il marche partout et salit le plancher. Qu'est-ce que ta maman dirait si tu faisais ça?», «Le petit garçon met de la confiture sur son pain. Et toi, qu'est-ce que tu manges le matin?»).

- Écoutez l'enfant et ne l'interrompez pas lorsqu'il essaie de nommer, de décrire ou de raconter ce qu'il voit dans un livre. Quand c'est votre tour, approuvez ce qu'il vient de dire, ajoutez de l'information ou des précisions. Si ce dont l'enfant vous parle est toujours décousu, que ce n'est pas en rapport avec ce que le livre raconte ni lié à une expérience que lui rappelle une image, demandez-lui gentiment mais fermement de revenir à ce que vous faites ensemble. Si cela se produit fréquemment, peut-être n'est-ce pas le bon moment pour regarder un livre, ou peut-être n'est-ce pas un livre qui l'intéresse. À vous d'en juger. En résumé, respectez le tour de parole et invitez l'enfant à faire de même.

- Pour faire en sorte que votre enfant se sente impliqué et afin de développer sa capacité de réflexion, posez-lui parfois des questions pendant la lecture. Adaptez vos demandes à son âge.

  - Lorsqu'il est petit, demandez-lui de montrer des choses avec son doigt.

  - Lorsqu'il parle un peu, demandez-lui de nommer l'image. Posez-lui des questions comme: «Qui?», «Il fait quoi?», etc.

  - Lorsqu'il peut faire des phrases, demandez-lui d'expliquer ce qu'il voit. Posez-lui des questions comme: «Comment se fait-il que...?», «Pourquoi crois-tu que cela s'est passé?», etc.

  - Lorsqu'il est encore plus habile avec le langage, laissez-lui la chance de prédire ce qui arrivera plus loin dans l'histoire, ou encore de raconter lui-même l'histoire ou une partie de celle-ci. Par exemple, lors d'un passage captivant, demandez-lui: «Qu'est-ce que tu penses qui va arriver à la petite fille?»

  - Vous pouvez aussi émettre des commentaires ou des opinions si une action a des conséquences particulières, par exemple: «C'est vraiment ennuyeux qu'elle ait oublié son doudou chez sa grand-mère!», «Ce n'est vraiment pas gentil de sa part de tirer sur son jouet comme ça! Et toi, qu'en penses-tu?», etc.

- Répondez à ses questions dans la mesure où elles sont en lien avec ce que vous regardez ensemble. N'hésitez pas à vérifier s'il comprend le mot que vous venez de dire.

- Les enfants apprennent beaucoup quand on rattache ce qu'on vient de voir dans un livre (une image ou une situation) à un élément de leur vie. Par exemple, vous regardez ensemble un livre de voitures, et il voit une auto sport rouge. Vous pouvez la comparer à votre voiture («Celle-là est rouge et on peut ouvrir le toit. Mais notre auto est bleue et notre toit ne s'ouvre pas») ou à une auto miniature qu'il possède («Trouves-tu qu'elle ressemble à ton auto rouge qui roule vite?»).

Quelle sorte de livres est indiquée pour mon enfant?

Il existe une grande diversité de livres. C'est à partir du moment où l'on en cherche un pour son enfant qu'on se rend compte des nombreuses possibilités. Choisir un livre est une activité qui mérite qu'on y accorde le temps nécessaire. Le mieux est d'en faire une sortie avec l'enfant pour qu'il puisse voir lui aussi ce qui existe et en venir à faire ses propres choix. En ce sens, les bibliothèques de nos villes sont gratuites et permettent d'emprunter plusieurs livres, sans compter qu'elles offrent souvent des activités qui éveillent l'intérêt de l'enfant pour la lecture et l'écoute. Chez nous, on appelle cela «L'heure du conte», mais il y a aussi à l'occasion des ateliers de dessin, de coloriage ou de bricolage à partir d'un récit fait par un adulte. Le tout prépare bien sûr l'enfant à l'école, mais si on y assiste, on peut aussi apprendre comment raconter une histoire, quelles questions poser à l'enfant et plein de trucs sur des façons de le captiver et de conserver son attention. Les bibliothécaires sont des gens bien informés qui peuvent nous faire connaître ce qui intéresse les enfants selon leurs goûts, leur âge et leur personnalité.

Il faut opter pour des livres adaptés aux capacités et aux besoins de l'enfant selon son âge. Ainsi, pourquoi ne pas débuter par des livres qui nous permettent de dire un mot ou une phrase par page? Ces derniers sont généralement fabriqués en plastique (ils vont dans l'eau), en tissu (ils permettent d'expérimenter diverses textures) ou en carton épais (les pages se tournent plus facilement).

Pour les enfants, les premiers livres tiennent davantage lieu de jouets, car ils les prennent dans leurs mains, les mordent, les traînent par terre... En un mot, ils leur font la vie dure ! Pour que l'enfant en vienne à utiliser le livre de façon appropriée, notre rôle consiste à lui apprendre comment s'en servir. Une fois l'enfant installé dans sa chaise, on lui montre comment tenir son livre, comment le regarder, l'ouvrir et le fermer. C'est pourquoi nous suggérons de commencer – alors que l'enfant est très jeune, voire encore un bébé – avec des livres résistants et dont les pages se tournent facilement.

Les premiers livres que nous lisons à l'enfant sont souvent constitués de vocabulaire illustré. On y retrouve des images d'objets qui l'entourent dans son quotidien. En plus de ces imagiers, il est intéressant de lui présenter des livres contenant des personnages qui exécutent des actions semblables aux siennes : un petit enfant qui dort, mange dans sa chaise haute, joue avec une poupée ou une auto, etc. Cela l'amusera, particulièrement si on le compare au personnage. Non seulement il apprendra que l'image peut remplacer un objet (comme une photo), mais qu'elle est aussi une représentation d'un mouvement. Éventuellement, il reconnaîtra plus facilement la suite logique d'une série d'actions et fera les liens entre elles. Par exemple, je me prépare à me coucher : j'enfile mon pyjama, je me brosse les dents, je vais dans mon lit, je ferme la lumière puis mes yeux et, à la fin, je dors.

Lorsque l'enfant vieillit, nous pouvons lui proposer des livres plus diversifiés, selon les buts que nous désirons atteindre. Parmi ceux-ci, nous retrouvons toutes sortes de formats intéressants et amusants :

- livres avec des rabats ;
- recueils d'images ;
- abécédaires ;
- albums d'histoires (les premières histoires devraient être faciles à suivre pour l'enfant et montrer des actions qu'il connaît déjà) ;
- livres sans texte ;

- livres audio;
- livres-jeux;
- bandes dessinées.

C'est à nous de faire connaître à l'enfant les différents types de livres et de lui montrer la façon de s'en servir avec délicatesse et respect. Nous devons aussi l'inviter à s'intéresser aux images, à tenter de comprendre ce qu'elles représentent, à nous écouter dire, décrire ou raconter.

Où peut-on se procurer des livres ?

Pensez aux bibliothèques, aux librairies (les librairies d'occasion, en particulier), aux magasins à grande surface, aux pharmacies, aux épiceries, aux comptoirs dans les paroisses, aux ventes-débarras, etc.

Attitudes conseillées lors de la lecture avec votre enfant

- Trouver un endroit agréable.
- Prendre une position qui est confortable pour vous et votre enfant.
- Choisir le moment où vous et votre enfant êtes disponibles.
- Utiliser un ton agréable et varier les intonations.
- Regarder les réactions de votre enfant.
- Interroger l'enfant selon le niveau de langage où il est rendu.
- Varier les types de livres.
- Faire de ce moment un moment plaisant.

Attitudes déconseillées lors de la lecture avec votre enfant

- Refuser qu'il manipule le livre lui-même.
- Faire répéter à l'enfant tous les nouveaux mots ou des phrases complètes.
- Corriger l'enfant sur sa prononciation.
- Refuser de lire un livre déjà lu.
- Lire sans vérifier que l'enfant comprend.
- Ne pas vouloir répondre aux questions de l'enfant.

Vous connaissez maintenant une foule de moyens pour stimuler le langage de votre enfant et l'encourager à parler. Ne vous sentez pas pour autant son professeur. Vous et lui perdriez la spontanéité dans les moments riches que vous partagez et le plaisir de communiquer au quotidien. Ne soyez ni le spectateur ni l'arbitre de la partie, mais un participant au jeu !

Phases de développement du langage et de la communication

À chaque âge, un développement apparaît, c'est ce qui fait l'intérêt de suivre son enfant au fil du temps. Un tableau des phases de développement du langage et de la communication est difficile à produire, car les auteurs ne s'entendent pas sur l'âge moyen auquel on constate l'apparition d'un comportement. Quoi qu'il en soit, j'ai décidé de plonger et de vous donner l'idée qui m'apparaît la plus juste.

Je vous suggère deux façons de consulter le tableau:

- Au fur à mesure que votre enfant grandit, observez chacune des dimensions de son développement (ligne horizontale).

- Si votre enfant est plus âgé, repérez son âge et vérifiez s'il possède toutes les caractéristiques correspondantes. Si ce n'est pas le cas pour un ou quelques aspects de son développement, montez ou descendez dans la ou les colonnes en question.

À la suite de ce tableau, j'ai ajouté dans quel ordre les éléments de grammaire étaient acquis, afin que vous puissiez stimuler votre enfant selon le développement qui devrait suivre.

Attention ! Dans ce tableau, les âges ne sont fournis qu'à titre indicatif. La suite des phases s'avère plus importante, ainsi que la coordination horizontale entre les divers aspects du développement. Votre enfant ne devrait pas cumuler plus de quelques mois de retard au cours de sa première année de vie, et pas plus de six mois par la suite.

Âge en mois	Développement général	Développement moteur	Compréhension	Développement de la phrase et de la grammaire	Développement des sons	Développement du vocabulaire et des relations sémantiques	Développement pragmatique et social
0-1	Préfère les objets en mouvement et ce qui fait un contraste	Vision à environ 20 cm Beaucoup de ses mouvements sont des réflexes	Préfère la voix de sa mère à celle des autres femmes Réagit aux bruits Reconnaît quand on lui parle et peut esquisser un sourire		Cri primal Sons variés involontaires (cris, bâillements, gémissements, soupirs) Petits bruits de la gorge		Établit le contact visuel avec le parent qui s'occupe le plus de lui Se calme si on le touche gentiment, si on le prend ou si on lui parle
2	Reconnaît le visage de la personne qui lui parle le plus souvent Anticipe l'arrivée des objets	Parvient à faire un focus visuel complet	Se sert d'indices de l'intonation (intensité, rythme, mélodie de la parole) et peut savoir si l'adulte est enclin à jouer ou de moins bonne humeur		Vocalisations réflexes (aaaarheu, agueu) Fait des mouvements avec sa langue, fait des bulles Pleurs différents selon ses besoins : faim, douleur, inconfort Pleure quand même un peu moins		Excité à la vue des gens et surtout des bébés Sourire automatique non sélectif Vocalise plus en présence qu'en l'absence de l'adulte On l'entend rire
3	Cherche visuellement les sources sonores; suit du regard sa mère qui se déplace dans la pièce	Empoigne ce qui est proche de sa main ou ce qu'on lui met dans la main; s'il tient un hochet, il peut l'agiter de façon involontaire			Peut imiter la mélodie ou des sons émis par l'adulte s'ils font déjà partie de son répertoire Fait des bulles avec sa bouche		Sourire social Échanges avec la mère qui ressemblent à une vraie conversation : les deux partenaires ne vocalisent plus simultanément mais à tour de rôle, ménageant des

Âge en mois	Développement général	Développement moteur	Compréhension	Développement de la phrase et de la grammaire	Développement des sons	Développement du vocabulaire et des relations sémantiques	Développement pragmatique et social
							pauses qui laissent le temps à l'autre d'émettre sa réponse (début de l'utilisation du tour de rôle [voir la rubrique « Les règles de l'échange ou de la conversation », page 41])
4	Localise les sources de sons; sait où un objet est tombé	Contrôle de la tête; il la soulève un peu plus qu'avant quand il est sur le ventre / Se retourne du côté sur le ventre			L'enfant dont les parents imitent les vocalisations en produira encore plus / S'exerce à faire des sons, surtout lorsqu'il se réveille		Anticipe de se faire prendre / Apparition du rire; il joue un rôle important dans la relation avec le parent
5	Reconnaît les objets familiers / Explore les objets en les mettant dans sa bouche et en les manipulant / Suit avec ses yeux la ligne du regard de sa mère	S'assoit avec un peu de soutien / Parvient à ramasser un objet qui est à sa portée	Cesse de pleurer s'il entend de la musique douce ou la voix de sa mère		Pousse des cris qui ressemblent à des cris de joie lorsqu'il manipule des jouets ou des objets		Différencie les membres de sa famille des étrangers / N'aime pas être seul longtemps

Âge en mois	Développement général	Développement moteur	Compréhension	Développement de la phrase et de la grammaire	Développement des sons	Développement du vocabulaire et des relations sémantiques	Développement pragmatique et social
6	Agite les objets pour faire du bruit. Aime jouer à jeter des objets par terre pour que l'adulte les lui donne	S'assoit seul une trentaine de secondes; peut s'asseoir dans une chaise haute			Apparition des jeux vocaux (combinaisons de sons de type consonnes et voyelles); pas encore du vrai babillage, car l'articulation est assez relâchée. Fait des claquements avec sa langue		Aime les jeux que font les gens («Coucou!»). S'intéresse plus à la bouche des gens qu'à leurs yeux. Imite les adultes en essayant de faire des sons. Quand il pointe avec sa main, il tente de communiquer plusieurs choses: une question («C'est quoi?»), une demande («Nomme-le-moi» ou «Donne-le-moi, je le veux»), etc.
7	Imite des mouvements complexes qu'il réussit déjà	S'assoit seul un peu plus longtemps et joue avec ses pieds; roule du ventre sur le dos. Peut essayer de se propulser	Réagit à son prénom		Babillage redoublé ou non (consonne-voyelle)		Aime jouer dans le bain; semble vouloir commencer à taquiner. Jeux de communication: donne un objet, on le lui redonne, et ainsi de suite

Âge en mois	Développement général	Développement moteur	Compréhension	Développement de la phrase et de la grammaire	Développement des sons	Développement du vocabulaire et des relations sémantiques	Développement pragmatique et social
8	Préfère des objets nouveaux et plus complexes à ses hochets, ses toutous	S'assoit un peu plus solidement et explore autour de lui. Se prépare à ramper ou peut ramper	Se reconnaît dans un miroir		Écholalie : semble répéter les phrases en imitant les intonations plutôt que les sons		Pleure si sa mère est absente ; peut aller vers d'autres bébés
9	Découvre des objets cachés s'il les a vus être cachés. Imite des actions familières	S'assoit un peu sans support et peut rouler de la position assise. Commence à ramper. Peut prendre des objets entre son pouce et son index	Réagit de façon à démontrer qu'il comprend les phrases associées à des jeux, comme «Coucou!»; Reconnaît des expressions comme «Bravo!» ou «Bye-bye» dans le contexte où elles doivent être utilisées. Donne des objets sur demande, accompagnée d'un geste de l'adulte («Donne-moi la cuillère»)		Fait des semblants de conversations		Crie pour avoir de l'attention
10	Atteint un but par essais et erreurs	Fait des mouvements de pas. Tient une tasse et peut boire	Comprend des mots dans quelques phrases et en présence des objets qu'ils représentent		Peut avoir une perte d'intérêt pour la parole pendant le développement de la motricité		Commence à utiliser plus souvent ses vocalisations, accompagnées d'un geste pour faire des demandes et diriger l'attention de l'adulte

Âge en mois	Développement général	Développement moteur	Compréhension	Développement de la phrase et de la grammaire	Développement des sons	Développement du vocabulaire et des relations sémantiques	Développement pragmatique et social
11	Pointe des parties du corps sur demande	Peut faire ses premiers pas, tenu par la main, ou réussit à marcher autour des meubles			Se sert de gestes pour se faire comprendre		Recherche une approbation quand il fait quelque chose
12	Utilise certains objets usuels de la bonne manière	Tient seul debout pendant quelques secondes; marche à quatre pattes	Donne des objets sur demande, sans geste de l'adulte («Donne-moi le bloc») Reconnaît son prénom Comprend ce qu'on veut dire par «non»	Apparition des premiers mots (entre 12 et 18 mois)	Jargonne beaucoup Commence à imiter certains bruits d'animaux (entre 12 et 18 mois) Commence à produire des mots qui contiennent les voyelles s, a, i, ou et les consonnes p, b, m, t, d, n		Exprime ses besoins et désirs par le biais de vocalisations et des gestes; montre souvent du doigt
13	Imite des gestes qui ne sont pas dans son répertoire	Commence à marcher seul et explore les objets qui sont près		Ses mots expriment des phrases (mots-phrases); à ce stade, l'intonation est importante pour permettre d'en comprendre le sens			Exprime sa préférence pour certaines personnes
14	Cherche un objet au dernier endroit où il l'a vu	Peut empiler 2 blocs	Comprend des phrases simples (sujet, verbe, complément)				Fait des câlins sur demande

Âge en mois	Développement général	Développement moteur	Compréhension	Développement de la phrase et de la grammaire	Développement des sons	Développement du vocabulaire et des relations sémantiques	Développement pragmatique et social
15	Exécute des consignes simples accompagnées de gestes. A acquis la permanence de l'objet	Peut empiler 3-4 blocs. Se déplace dans les escaliers en rampant	Peut montrer des images dans un livre. Est capable d'aller chercher un objet plus loin dans une même pièce	Peut dire plusieurs mots simples les uns à la suite des autres sans que ce soit de vraies phrases			Répète des actions pour faire réagir son public
16	Imite des actions dont les modèles sont absents	Gribouille des lignes avec un crayon					Manifeste des réactions lors de changements de routines
17	Donne un jouet mécanique pour qu'on le lui remonte	Donne un coup de pied dans un ballon; monte les escaliers sans changer de pied si on le tient par la main					Cherche l'adulte lorsqu'il se retrouve seul
18	Aime les images des livres et commence à reconnaître des images familières	Monte et descend les escaliers avec de l'aide. Peut manger seul sans trop de dégâts. Tourne seul les pages épaisses d'un livre	Comprend des consignes sans autres indices que les mots («Viens me voir», «Assieds-toi», «Mets le bloc dans la voiture»)			Exprime ses besoins avec des mots («Encore!»)	Commence à tester les intentions de son parent. Attire l'attention de l'adulte vers ce qui l'intéresse; il montre du doigt en disant: «Gad.» (regarde). Demandes de clarifications liées à la confirmation et à la répétition («Qui?», «Un quoi?») (entre 18 mois et 2 ans)

Âge en mois	Développement général	Développement moteur	Compréhension	Développement de la phrase et de la grammaire	Développement des sons	Développement du vocabulaire et des relations sémantiques	Développement pragmatique et social
19	Se rappelle l'emplacement habituel des objets	Essaie maladroitement d'attraper un ballon		Parle de lui en employant son prénom			Augmentation du jeu coopératif avec les autres enfants
20	Imite l'adulte qui utilise des objets	Gribouille des cercles avec un crayon		Utilise des mots qui se suivent, avec une pause entre eux, ou peut commencer à combiner deux mots			Développe de l'attachement pour certains jouets
21	Montre de l'intérêt pour les couleurs et les formes	Saute sur place; peut descendre un escalier main tenue	Comprend des consignes avec des actions variées («Donne un bisou à ton toutou», «Fais manger ton bébé»)				Joue près des autres enfants, mais pas avec eux
22	Expérimente activement les objets	Grimpe, s'accroupit, frappe un ballon avec son pied					Fait des câlins sur demande et occasionnellement de lui-même
23	S'assoit seul et regarde un livre pour un bref moment	Peut enlever ses chaussures					Parle tout seul dans des situations

Âge en mois	Développement général	Développement moteur	Compréhension	Développement de la phrase et de la grammaire	Développement des sons	Développement du vocabulaire et des relations sémantiques	Développement pragmatique et social
24	Utilise le même jouet pour diverses actions Développe la connaissance des couleurs et des formes Peut être attentif à une activité pendant 6-7 minutes	Tourne les pages d'un livre deux ou trois à la fois; monte et descend les escaliers marche par marche; gribouille des lignes horizontales et verticales Peut coller et plier du papier Peut se tenir sur un pied	Peut distinguer les pronoms personnels («Donne-moi la cuillère» ou «Donne-la à ta sœur»)	**Phrases** Combine deux mots **Début des questions** («Quoi ça?», «Où?») **Pronoms** Parle de lui-même en utilisant «moi» **Prépositions et adverbes qui expriment la possession et à qui profite un objet ou une action** à, pour, de («Pour bébé», «À bébé») **Temps du verbe** est			Commence à faire des jeux de rôles simples Fait des requêtes de manière directe et explicite (Veux ça!)
Entre 24 et 30	Exécute des demandes simples sans les gestes Pointe et nomme des images familières Réunit des objets familiers Joue à faire semblant	Monte et descend les escaliers sans alterner ses pieds	Peut répondre à des consignes avec des phrases qui se suivent («Prends le gobelet et mets-le à la poubelle», «Va dans ta chambre pour chercher ton pyjama»)	**Phrases** Les énoncés se suivent, sans lien entre eux L'enfant n'a pas encore de mots de grammaire pour différencier les questions des affirmations; les phrases		Vers la fin de la période, emploie des verbes, des adjectifs et autres («Toi, pas gentil», «Maman, à moi ça», «Ça pue!»)	Demande l'attention du parent et fait des crises s'il n'est pas compris Diminue le monologue au profit des propos destinés à échanger

Âge en mois	Développement général	Développement moteur	Compréhension	Développement de la phrase et de la grammaire	Développement des sons	Développement du vocabulaire et des relations sémantiques	Développement pragmatique et social
			Distingue les pronoms et les adjectifs possessifs («Donne-lui son verre», «Apporte-moi son verre») Comprend les consignes avec les prépositions «dans», «en bas» et «en haut»	négatives sont différenciées des affirmatives par l'apposition de l'adverbe négatif, en général au début («A pu bobo», «Pas dodo», «Non dodo») **Phrases** Vers la fin de la période, combinaisons de trois mots et plus; l'ordre des mots est généralement respecté; il ne faut pas s'attendre à ce que la phrase comporte des éléments grammaticaux **Pronom** «Lui» au lieu de «il»			Vers 30 mois, fait des requêtes en employant une formule de politesse; c'est le début des requêtes indirectes («Tu peux acheter ça, s'il vous plaît»)
Entre 30 et 36	Identifie des actions simples dans des images	Peut commencer à mettre ses bas et ses chaussures seul	Comprend des consignes doubles («Donne-moi une cuillère et assieds-toi à la table»)	**Pronoms (30 mois)** Commence à employer «moi, je», puis «je», «tu» et «toi»	Produit les consonnes k, g, l, f, v, s, z	Commence à employer «grand», «petit», «gros»	Démontre de l'empathie pour les émotions des autres

Âge en mois	Développement général	Développement moteur	Compréhension	Développement de la phrase et de la grammaire	Développement des sons	Développement du vocabulaire et des relations sémantiques	Développement pragmatique et social
	Donne deux objets sur demande Peut être attentif à une activité pendant 8 ou 9 minutes	Court et s'arrête aisément Peut commencer à se servir de ciseaux à bouts ronds	Exécute des consignes en différenciant les objets avec deux attributs (« Donne-moi le petit bloc rouge »)	**Adverbes de lieu** « Dedans », « dessus », « devant », « derrière » **Prépositions de lieu** « À », « dans », « sur », « sous », « en », « près de » **Prépositions d'accompagnement** « Avec » **Articles** Accord en genre avec le nom déterminé avec « un », puis, un peu plus tard, avec « une » **Temps du verbe** Utilise le présent de l'infinitif (« Moi, je veux pas dormir ») et de l'indicatif (« Toutou mange ») **Phrases** Premières phrases coordonnées ; les relie avec « et » (mais on dit souvent « pis »)			

Âge en mois	Développement général	Développement moteur	Compréhension	Développement de la phrase et de la grammaire	Développement des sons	Développement du vocabulaire et des relations sémantiques	Développement pragmatique et social
				Les négatives sont toujours constituées de «pas», «pus», «non» et d'autres mots («Pas jouer dehors», «Non dodo») **Questions** Les questions simples apparaissent à la fin de cette période («Qui?», «Quoi?», «À qui?», «À quoi?»)			
Entre 36 et 48	Met ensemble des objets de même couleur Peut dire son nom au complet Développe le concept de la numération; peut compter	S'habille et se déshabille seul Pédale sur un tricycle Monte et descend les escaliers seul	Comprend les consignes où l'on définit les objets au lieu de les nommer («Donne-moi ce avec quoi on mange la soupe») Se situe mieux dans le temps; comprend «hier», «aujourd'hui» et «demain»	**Pronoms (Vers 36 mois)** «Il», suivi de peu par «elle», «le», «la», «mon mien», «ton tien» Au cours de la période: «Vous», «nous», «on», «son sien»			Demandes de clarifications liées à des demandes de précisions («Oui?») (4 ans) Âge des «Pourquoi?» Peut partager ses jouets pour de courtes périodes Démontre du jeu coopératif et prend son tour

Âge en mois	Développement général	Développement moteur	Compréhension	Développement de la phrase et de la grammaire	Développement des sons	Développement du vocabulaire et des relations sémantiques	Développement pragmatique et social
			Comprend le futur proche («Il va jouer») plutôt que le futur simple («Il jouera») Respecte l'ordre d'énonciation des consignes («Colle le nez et après, les yeux»)	**Articles** (42 mois) Accord en nombre avec le nom déterminé par «le» et «la», puis suivront «des» et «les» **Adjectifs possessifs** «Mon», «ton», «son» apparaissent au cours de cette période **Temps du verbe (Vers 42 mois)** Utilise les auxiliaires «être» et «avoir» pour produire le passé composé **Phrases (Vers 42 mois)** Phrases relatives mais sans le pronom relatif («C'est moi prends le camion» pour «C'est moi qui prends le camion», «Je veux tu joues avec moi» pour «Je veux que tu joues avec moi»)			(45 mois) Peut utiliser des formes argumentatives comme l'insulte ou la menace pour résoudre des conflits, justifier ses besoins ou ses désirs

Âge en mois	Développement général	Développement moteur	Compréhension	Développement de la phrase et de la grammaire	Développement des sons	Développement du vocabulaire et des relations sémantiques	Développement pragmatique et social
Vers 4 ans	Catégorise des objets Peut être attentif à une activité pendant 10 minutes	Mange seul avec une fourchette	Comprend les phrases simples selon l'ordre des mots Comprend certains types de phrases passives Comprend le concept de «premier» Comprend la notion de choix («La pomme ou la clémentine»)	**Préposition d'instrumentalisation** «Avec» **Adverbes de temps** «Aujourd'hui», «hier», «demain», «maintenant», «tout à l'heure» **Pronoms** «Lui», «eux» **Temps du verbe** Le futur proche («Il va venir») **Interrogatives** «Quel?» «Quoi?» «Pourquoi?» **Adjectifs possessifs** «Notre», «votre», «nos», «vos» **Phrases** Causales avec «pour» et «parce que»	Acquisition du son r au début des mots et entre deux voyelles	**Prépositions** «Sur», «sous», «à côté», «en avant»	Passage au langage explicite Peut s'adapter à l'interlocuteur: tenir compte de son âge, de ses savoirs, de ses désirs, de ses intentions; modifie la nature et la complexité de ses énoncés Fait des demandes de droit et de faveur Fait des requêtes par allusion et fait des demandes de manière très indirecte («Si tu l'achetais, je pourrais jouer avec toi le soir et on aurait du plaisir») Raconte une histoire; débute un schéma narratif sans planification; décrit les images les unes après les autres sans établir de liens entre elles sous forme d'énoncés juxtaposés

Âge en mois	Développement général	Développement moteur	Compréhension	Développement de la phrase et de la grammaire	Développement des sons	Développement du vocabulaire et des relations sémantiques	Développement pragmatique et social
Vers 5 ans	Peut être attentif à une activité pendant 15 minutes	Fait des bonhommes reconnaissables avec tête, corps, bras et jambes	Comprend les concepts «aujourd'hui», «hier», «demain», «matin», «après-midi», «nuit»	**Prépositions de temps** «Avant», «après», «pendant» **Phrases** Relatives bien produites **Circonstancielles de temps** Phrases comportant souvent plus d'un verbe («Il faut le prendre») **Articles** «Aux» **Pronoms** «Le mien», «le tien» **Temps du verbe** L'imparfait («Je voulais ça»), le conditionnel («On pourrait aller au parc»)	Commence à produire les *ch* et *j*		Argumente en utilisant des faits pour se justifier

Âge en mois	Développement général	Développement moteur	Compréhension	Développement de la phrase et de la grammaire	Développement des sons	Développement du vocabulaire et des relations sémantiques	Développement pragmatique et social
				Pronoms interrogatifs «Quand?» «Comment?» «Est-ce que?» **Adjectifs possessifs** «Leur(s)»			
Vers 6 ans				Emploi correct des articles en genre et en nombre **Pronoms** Plus tard, maîtrise de «le vôtre», «le leur», «le sien», «le nôtre»	Produit les consonnes doubles avec les / et les r ainsi que les voyelles ien, ui, oi et ui		

Acquisition des éléments de grammaire

Articles

Entre 30 et 36 mois : un, une
Vers 36 mois : le, la
Vers 42 mois : des, les

Pronoms personnels

À 24 mois : moi
Vers 30 mois : moi je, je, tu, toi
Vers 36 mois : il, elle, le, la, mon mien, ton tien, vous, me, te
Entre 36 et 48 mois : vous, nous, on, son sien
Vers 4 ans : lui, eux

Adjectifs possessifs

Entre 36 et 48 mois : mon, ma, mes, ton, ta, tes, son, sa, ses, mon mien, ton tien, son sien
Vers 4 ans : notre, votre, nos, vos
Vers 5 ans : le mien, le tien, leurs

Prépositions et adverbes

À 24 mois :	à, de, pour (pour indiquer la possession ou à qui profite un objet ou une action)
Entre 30 et 36 mois :	dedans, dessus, devant, derrière, à (pour indiquer le lieu), dans, sur, sous, près de, en, avec (pour indiquer l'accompagnement)
Vers 4 ans :	avec (pour indiquer l'objet qui sert à quelque chose), hier, demain, aujourd'hui, tout de suite, maintenant, d'abord, tout à l'heure
Vers 5 ans :	avant, après, pendant

En terminant le voyage...

Reprenons ici les grandes idées formulées au début du livre :

- Le langage d'un enfant ne débloquera pas tout seul à un moment donné.
- Il n'y a pas de raison pour qu'un enfant timide n'apprenne pas à parler aussi vite que les autres. Il devrait au moins s'exprimer en présence de personnes qui lui sont familières.
- Un enfant qui ne parle pas ou qui commence à parler en retard n'est pas nécessairement moins intelligent qu'un autre.
- Un problème de langage n'est pas obligatoirement lié au fait que l'enfant n'a pas été stimulé.
- Les enfants n'apprennent pas tout seuls à parler : ce n'est pas *que* génétique.
- Ce n'est pas lorsque l'enfant fréquentera la garderie ou l'école que son langage débloquera.

Comme vous avez pu le constater au fil de votre lecture, l'apprentissage du langage ne se fait pas tout seul, votre implication en tant que parent ou intervenant est essentielle. La période préscolaire est cruciale, ainsi que la première année. C'est à ce moment que s'installent les bases qui permettront aux apprentissages futurs de s'inscrire au fur et à mesure dans l'histoire développementale de l'enfant. Tous les enfants n'apprennent pas au même rythme. Gardons-nous bien de mettre de la pression sur eux pour tenter d'accélérer leur développement. Respectons leurs capacités et suivons avec eux les étapes que le chemin de la communication leur a tracées.

Demandons-nous comment organiser notre vie en fonction de la communication personne à personne, nécessaire à l'apprentissage du langage, à cette époque où la surconsommation de moyens technologiques favorise les contacts à distance, les échanges abrégés ou rédigés à la va-vite et, surtout, les interruptions constantes de nos échanges communicatifs avec les autres. Cela m'apparaît particulièrement inquiétant dans les moments que nous partageons avec nos enfants. Malgré la vie trépidante que nous menons, donnons-nous le temps de participer à leurs activités, d'avoir du plaisir à communiquer avec eux et à les voir grandir !

Bibliographie

Les livres qui m'ont inspirée

Tant d'auteurs, tant de volumes, tant d'inspiration! Merci à toutes ces personnes d'avoir fait des recherches sur le langage et la communication, et d'avoir été le soutien de mes connaissances, dans ma pratique au cours des années.

Antier, Edwige, *Mon bébé parle bien*, Clamecy, Éditions Jacob Duvernet, 2005, 117 p.

Apel, K., Masterson, J. J., *Beyond Baby Talk*, New York, Three Rivers Press (by American Speech-Learning-Hearing Association, 2001), 2007, 226 p.

Audet, Claire, *Les habiletés préalables à la communication*, Montréal, Éditions de l'Hôpital Sainte-Justine, 2001, 106 p.

Bates, E., Bretherton, I., Snyder, L., *From First Words to Grammar: Individual Differences and Dissociable Mechanisms*, New York, Cambridge University Press, 1988 (Paperback edition issued 1991).

Bergeron, Michèle, Boulianne, Louise L., Cronk Carolyn, *Allo papa! Allo maman! Allo le monde!: communiquer avec un enfant au cours de ses cinq premières années*, Gouvernement du Québec: Ministère de la Santé et des Services sociaux, Hôpital Saint-Luc: Département de santé communautaire, 1985, 63 p.

Berko-Gleason, Jean, *The Development of Language*, 6th ed., Boston, Pearson Education Inc., 2006, 516 p.

Bulletin du Centre d'excellence pour le développement des jeunes enfants, volume 4, n° 1, mai 2005.

Chevrie-Muller, C., Narbona, J., *Le langage de l'enfant: aspects normaux et pathologiques*, 3ᵉ éd., Issy-les-Moulineaux Cedex, Elsevier Masson SAS, 2007, 624 p.

Chouinard, Josette, Desmarais, Sylvie, *Le développement du langage chez l'enfant de zéro à cinq ans*, travail dirigé de maîtrise, École d'orthophonie et d'audiologie, Faculté de médecine, Université de Montréal, 1981.

De Boysson-Bardies, Bénédicte, *Comment la parole vient aux enfants: de la naissance jusqu'à deux ans*, coll. Odile Jacob Poches, Paris, Éditions Odile Jacob, 2005, 297 p.

Demont, Elisabeth, Metz-Lutz, Marie-Noëlle, *L'acquisition du langage et ses troubles*, Marseille, Solal Éditeurs, 2007, 276 p.

Doré, Nicole, Le Hénaff, Danielle, *Mieux vivre avec notre enfant de la grossesse à deux ans: guide pratique pour les mères et les pères*, Québec, Institut national de santé publique du Québec, 2008, 656 p.

Duclos, G., Laporte, D., Ross, J., *Les grands besoins des tout-petits*, Saint-Lambert, Les Éditions Héritage, 1994, 262 p.

Dupré, Corinne, *L'apprentissage de la parole*, coll. Que faire? Levallois-Perret, Éditions Studyparents-Groupe Vocatis, 2008, 129 p.

Eisenberg, Arlene, Murkoff, Heidi E., Hathaway, Sandee E., *Bébé est arrivé! Soyez bien renseignée*, tome 1, coll. Famille, Outremont, Les Éditions Quebecor, 2007, 504 p.

Fenson, L., Dale, P. S., Reznick, J. S., Thal, D., Bates, E., Hartung, J. P., Pethick, S., Reilly, J. S., *The MacArthur Communicative Development Inventories: User's Guide and Technical Manual*, Baltimore, Paul H. Brokes Publishing Co., 1993. (Informations plus récentes sur http://www.sci.sdsu.edu/cdi/cdiwelcome.htm_)

Florin, Agnès, *Le développement du langage*, Paris, Dunod, 1999, 122 p.

Glogowska, Margaret, *Time to Talk: Parents'Accounts of Children's Speech Difficulties*, London, England and Philadelphia, USA, Whurr Publishers, 2002, 137 p.

Goëtz-Georges, Marie, *Apprendre à parler avec des comptines: 30 activités pour développer les compétences langagières*, Paris, Les Éditions Retz, 2006, 198 p.

Hoff-Ginsberg, Erika, *Language Development*, Pacific Grove: CA, Brooks/Cole Publishing Company, 1997, 528 p.

Kail, Michèle, Fayol, Michel, *L'acquisition du langage. Le langage en développement: au-delà de 3 ans*, coll. Psychologie et sciences de la pensée, Paris, Presses Universitaires de France, 2000, 288 p.

Law, James Christopher, *Apprendre à parler. Chaque jour avec bébé* (Johnson's), traduction de *Johnson's Learning to Talk*, Broquet, Saint-Constant, 2006, 64 p.

Leclerc, Marie-Claude, Vézina, Dominique et collab., *Les apprentis au pays de la communication*, Québec, Les Copies de la Capitale, 2002, 5 volumes.

Lentin, Laurence, *Apprendre à parler à l'enfant de moins de six ans. Où? Quand? Comment?*, tome 1, coll. Science de l'éducation, Paris, Les Éditions ESF, 1974, 223 p.

Louis, Sylvie, Benoit Joe-Ann, Simard, Rémy, «Guider son enfant de 2 à 6 ans», *Enfants Québec*, Saint-Lambert, Éditions Chronos magazines Inc., 2006.

Lumbroso, Valeria, Contini, Éliane (sous la direction de), *Marcher, parler, jouer: 0-6 ans, les années clés du développement de l'enfant*, Paris, Éditions Nathan, 2007, 187 p.

McLaughlin, Scott, *Introduction to Language Development*, 2nd ed., Clifton Park: NY, Thomson Delmar Learning, 2006, 508 p.

McLean, James, Snyder-McLean, Lee, *How Children Learn Language*, San Diego: CA, Singular Publishing Group Inc., 1999, 227 p.

Nieman, P., «Impact of Media Use on Children and Youth», *Canadian Paediatric Society Statement*, mai-juin 2003, vol. 8, nº 5, p. 301-306.

Owens, Robert E. Jr., Felton, Leah, *Help your Baby Talk: Introducing the Shared Communication Method to Jump-Start Language and Have a Smarter, Happier Baby*, New York, The Berkley Publishing Book, 2004, 336 p.

Rondal, Jean-A., *Comment le langage vient aux enfants*, Bruxelles, Éditions Labor, 1999, 110 p.

Rossetti, Louis, *The Rossetti Infant-Toddler Language Scale: A Measure on Communication and Interaction*. Examiner's Manual, East Moline: IL, LinguiSystems Inc., 1990, 167 p.

Rufo, Marcel, *Élever bébé. Bébé parle*, Paris, Hachette Pratique, 2004, 126 p.

Wagner, K., «How Much do Children Say in a Day?», *Journal of Child Language*, 12, 1985, p. 475-487.

Les livres que je vous conseille

Beauchemin, Maryse, Martin, Sylvie, Ménard, Suzanne, *L'apprentissage des sons et des phrases*, Laval, Éditions de l'Hôpital Sainte-Justine (coédition avec la Cité de la Santé de Laval), 2000, 112 p.

Bourcier, Sylvie, *Comprendre et guider le jeune enfant*, Montréal, Éditions de l'Hôpital Sainte-Justine, 2004, 161 p.

Campeau, Fannie, Brière, Francis, *Je prépare mon enfant pour l'école: mieux connaître, mieux comprendre, mieux préparer*, Montréal, Éditions Caractère, 2008, 156 p.

Doyon, Louise, *Préparez votre enfant à l'école: dès l'âge de 2 ans*, Montréal, Les Éditions de l'Homme, 1992, 178 p.

Étienne, Joëlle, Prud'homme, Dominique-Louise, St-Pierre Lafond, Doris, *Parler, un jeu d'enfant*, Montréal, Hôpital Notre-Dame, 1993, 38 p.

Leclerc, Isabelle, *Jouez avec vos enfants: apprendre en s'amusant*, coll. Famille, Outremont, Éditions Quebecor, 2008, 190 p.

Manolson, Ayala, Ward, Barb, Dodington, Nancy, *À vous de jouer et d'aider votre enfant à apprendre* (traduction de *You make the Difference*), Toronto, Hanen Centre Publication, 1995, 90 p.

Martin, Katherine L., Fortin, Rachel, *Le langage et la parole chez l'enfant*, Montréal Chenelière Éducation, 2009, 144 p.

Pepper, J.,Weitzman, E., *Parler, un jeu à deux. Comment aider votre enfant à communiquer*, guide du parent (traduction de *It Takes two to Talk*), Toronto, The Hanen Centre Early Language Program, 2004, 170 p.

Pitamic, Maja, *Activités Montessori: pour accompagner le développement de votre enfant à partir de 3 ans*, Paris, Groupe Eyrolles, 2008, 165 p.

Silberg, Jackie, *Bébés génies: 0 à 12 mois. 120 jeux pour stimuler les capacités cérébrales de votre enfant*, Laval, Guy Saint-Jean Éditeur, 2007, 131 p.

Silberg, Jackie, *Bébés génies: 12 à 36 mois. 120 jeux pour stimuler les capacités cérébrales de votre enfant*, Laval, Guy Saint-Jean Éditeur, 2007, 131 p.

Silberg, Jackie, *Bébés contents: 0 à 12 mois. 115 jeux pour amuser et stimuler votre bébé*, Laval, Guy Saint-Jean Éditeur, 2008, 127 p.

Silberg, Jackie, *Bébés contents: 12 à 24 mois. 115 jeux pour amuser et stimuler votre bambin*, Laval, Guy Saint-Jean Éditeur, 2008, 125 p.

Silberg, Jackie, *Bébés contents: 24 à 36 mois. 115 jeux pour amuser et stimuler votre bambin*, Laval, Guy Saint-Jean Éditeur, 2008, 126 p.

Weitzman, Elaine, *Apprendre à parler avec plaisir*, Toronto, Éditions du Centre Hanen, 1999, 322 p.

Qui pourrait bien vous aider?

Les orthophonistes de la province sont des professionnels qui font tous partie de l'Ordre des orthophonistes et audiologistes du Québec. Vous pouvez contacter l'Ordre en téléphonant au 514 282-9123 ou en consultant son site Web: http://www.ooaq.qc.ca.

Vous pourrez aussi trouver des informations sur mon site: http://mon-orthophoniste.com.

De l'information de qualité est également disponible sur le site de l'Association canadienne des orthophonistes et audiologistes: http://www.caslpa.ca/francais/index.asp.

Vous êtes inquiet à propos:

- du bégaiement: L'Association des bègues du Canada: http://abcbegaiement.com.

  L'Association des jeunes bègues du Québec: http://www.ajbq.qc.ca.

- de l'audition: http://www.aqepa.surdite.org. http://www.lobe.ca.

- du langage: http://www.aqea.qc.ca.

- de l'autisme: http://www.autisme.qc.ca.

- de la trisomie: http://www.trisomie.qc.ca.

Remerciements

Je désire remercier :

- mon éditeur, qui a cru en mon projet ;

- ma famille, qui m'a offert l'environnement nécessaire à la réalisation d'une telle entreprise. Ce livre est en quelque sorte un hom-
mage à mes chers enfants, devenus grands, qui m'ont procuré
tant d'heures riches en plaisir, en découvertes et en moments pri-
vilégiés ;

- toutes les personnes de mon entourage qui m'ont soutenue au
cours de ce processus d'écriture en m'encourageant, en me con-
seillant, en enrichissant mes réflexions et en comprenant mon
manque de disponibilité ;

- les clients que j'ai connus au fil des ans, qui m'ont fait confiance
et m'ont laissé des souvenirs impérissables et des anecdotes sa-
voureuses ;

- les organismes qui m'ont invitée, dès le début de ma carrière, à
transmettre mes connaissances à un plus large public et, ainsi, à
expérimenter et à acquérir diverses façons de présenter l'information ;

- mon amie Josette Chouinard, orthophoniste et gestionnaire, ainsi
que Louis Beaulieu, orthophoniste et ancien président de l'Ordre
des orthophonistes et audiologistes du Québec, qui ont été, à des
époques différentes de ma vie, des catalyseurs de cet intérêt pour
l'écriture ;

- mes parents, qui m'ont éduquée en me transmettant cette détermination que j'ai et qui m'ont quittée trop tôt.

Table des matières

Achevé d'imprimer au Canada
sur papier Enviro 100% recyclé
sur les presses de Imprimerie Lebonfon Inc.

certifié   procédé   100% post-   archives   énergie
        sans   consommation   permanentes   biogaz
        chlore